인천항이야기

인천항이야기

경인일보 특별취재팀 지음

<일러두기>

_ 이 책은 2018년 경인일보 연중기획 '바다가 들려주는 인천이야기'를 재편집, 수정하여 엮었습니다.

_ 인터뷰에 응해주신 분들의 직책이나 나이는 2018년 당시를 기준으로 했습니다.

책을 내면서

인천은 '해양도시'다. 바다는 인천이 성장하는 데 있어 중요한 역할을 했고, 지금도 그렇다. 바닷길은 사람과 물품이 오가는 통로가 됐고, 인천 앞바다 섬들은 주민들의 삶의 터전이자 소중한 자원이 됐다.

1883년 작은 어촌마을 '제물포'가 개항하면서 인천은 중요한 위치를 차지하게 된다. 그전에도 인천은 서해안 주요 도시와 서울, 그리고 중국과 일본까지 뱃길이 이어지는 등 해상 교역의 중심지였다. 그런 점에서 보면, 개항은 닫혀 있던 도시를 연 것이 아닌, 기존 국제무역항의 기능을 더욱 강화한 계기로 봐야 할 것이다.

일제 강압의 개항이라는 점에서 많은 아픔도 겪었다. 일제강점기 때 식민지 경제 수탈의 창구가 됐고, 조선의 항만노동자들은 일제의 압박과 착취에 맞서 싸워야 했다. 한국전쟁 당시에는 항만시설 대부분이 파괴돼 항만 기능을 상실했다.

그 어려웠던 개항기, 일제강점기, 한국전쟁을 겪으면서도 인천항은 역사를 써 나갔다. 1918년 갑문식閘門式 제1선거가 건설되면서 10m가 넘는 조수 간만의 차를 극복했으며, 1974년 제2선거 건설로 최대 5만 t급 대형 선박을 받아들일 수 있게 됐다. 그해 내항 4부두에는 대한민국 제1호 컨테이너터미널이 건설됐다. 이후 인천항은 남항·북항·신항 개발로 외항 시대를 열었다. 인천항은 2015년 광양항을 제치고 전국 2위의 컨테이너항만으로 자리 잡았으며, 2017년엔 '연간 컨테이너 물동량 300만 TEU'(1TEU는 20피트짜리 컨테이너 1대분)를 달성했다.

인천항은 인천경제를 지탱하는 축이다. 인하대학교 산학협력단이 2015년 4월 만든 「인천항이 지역 경제에 미치는 경제적 파급효과 분석」 보고서에 따르면 2013년 인천항(인천의 포괄적 항만물류산업)이 지역 경제에 미치는 생산유발효과는 지역내총생산(GRDP)의 33.8%에 달하는 것으로 조사됐다. 이는 2007년(33.3%)보다 0.5%포인트 증가한 수

치다. 보고서는 2007년과 2013년 각종 수치를 비교·분석해 경제적 파급효과 등을 추정했는데, 모두 증가했다.

인천항은 대북 교류의 중심지다. 남북 관계가 개선될 경우 인천항에서 더욱 많은 경제적 효과와 일자리 창출이 나타날 것으로 기대된다.

인천항 발전에는 많은 사람의 노력이 있었다. 부두에서 일하는 노동자와 기술자를 비롯해 선장과 어민 등 다양한 직종의 사람들이 인천항을 움직이고, 바다를 삶의 터전으로 삼아 살고 있다.

안타까운 것은 시민들이 인천항과 바다, 그리고 섬의 소중함을 잘 모른다는 점이다. 일부에서는 항만을 혐오시설로 여기는 분위기도 감지된다. '인천은 해양도시'라고 외쳐왔지만, 시민들에겐 멀게 느껴졌던 것이 '바다'인 것 같다.

경인일보 특별취재팀은 2018년 연중기획으로 '바다가 들려주는 인천이야기'를 진행했다. 그해 인천에서 '바다의 날' 기념식과 등대 올림픽으로 불리는 '국제항로표지협회(IALA) 콘퍼런스'가 열렸다. 인천항 갑문이 축조된 지 100년이 되는 해이기도 했다. 특별취재팀은 인천항과 바다에서 일하는 사람들을 만나고 관련한 역사·인물을 연중기획에 담았다. 그 결과물을 모아 책으로 내놓게 됐다. 이 책이 인천의 항만과 바다를 알리고 이해하는 데 도움이 됐으면 하는 바람이다. 취재에 응해 주시고 자료를 제공해 주신 모든 분에게 감사드린다.

2019년 8월
목동훈

추천의 글

새로운 평화와
통일의 시대를 열어가는 인천항

　인천은 바다와 배, 그리고 황해와 함께 살아온 고장이다. 차를 타고 해안 도로를 가다보면 송도를 거의 다 가서 무선 전신국 건너편의 작은 봉우리를 볼 수 있는데 이것이 바로 기념물 제8호인 능허대凌虛臺이다. 이곳이 바로 개항 천년의 항구로서 선조들이 황해문화권을 한 손에 쥐고 돛을 올리던 곳이다. 이곳이 험난한 황해를 벗 삼아 대륙과 아시아를 향한 뱃길이 넓게 춤추었던 땅이다. 『인천부읍지』를 보면 "능허대는 바다에 임하여 100여척으로 솟아있어 대양을 바라보매 끝이 없고, 밑에 대진이 있는데 삼국이 정치鼎峙하였을 때 백제의 조천로朝天路가 고구려에 의하여 경색되었으므로 중국으로 들어가는 사신들이 이 곳에서 배를 띄워 산둥반도의 등주登州, 래주萊州에 도달하였다"는 기록이 있다.(『仁川市史』하권 참조) 인천 앞바다에 100여 척이 황해를 향하여 떠 있고 중국과 얼마나 많은 왕래가 있었으면 "산둥에서 닭 우는 소리가 인천에서 들린다"는 말이 기록에도 남아있다.

무엇보다 인천은 해불양수海不讓水의 도시이다. 해불양수란 바다가 한강, 섬진강, 낙동강, 임진강을 가리지 않고 넓은 가슴으로 품어내어 거대한 대양을 이룬다는 뜻이다. 인천이 해불양수의 도시란 것은 출신지역을 따지지 않고, 서로 조화를 이루어 현재의 인천을 만들어 냈기 때문이다. 지금으로부터 백여 년 전 이 나라가 커다란 충격을 받자 백성들이 깨어났고, 인천에는 선거船渠와 부두埠頭가 처음 자리를 잡을 때, 당시 팔도강산의 사람들이 건강과 희망을 밑천삼아 내 고장 인천으로 모여들었으나 당시 특별한 기계 장비가 있을 리 없었다. 이들에게는 균형과 협력을 바탕으로 서로의 힘을 나눌 수 있는 '목도'의 굵고 긴 막대기와 밧줄뿐이었다. 기계 크레인이 해야 할 일을 사람의 힘과 땀 그리고 우애로 힘차게 인천항을 건설하며, 삶을 이어나갔다.

현재 인천 시민이 된 많은 사람들은 적수공권赤手空拳으로 희망 하나만을 가지고, 전국각지에서 모여들었다. 이들의 땀과 노력을 거부하지 않고 받아들여 새로운 삶을 시작할 수 있도록 한 곳이 바로 인천이며 항구라고 할 수 있다. 인천은 타지방 사람이라고 거부하거나 배척하지 않고, 조화를 이뤄 모두가 이 땅에 뿌리를 내리고 살아가도록 노력하고 서로 협력하는 곳이다. 이들은 서로 고향과 신분고하 그리고 과거를 묻지 않고 서로 협동하고 이웃으로 친목親睦을 키웠다. 이로써 해불양수海不讓水가 시작된 것이다.

인천항은 민족의 아픔과 치욕과 영광을 그리고 그 결과들을 이

고장 민초들과 함께 묵묵히 지켜보았다. 우리가 서 있는 바로 이 땅에서 많은 선각자들이 피눈물을 뿌리며 망명했으며, 살 길을 찾아 하와이로, 홋카이도의 탄광으로 강제노역을 떠나던 민중들이 통곡하던 곳이기에 그 아픔과 더불어 더 큰 자각으로 밑바탕을 삼아 인천은 성장해 왔고 또 미래를 향해 나아갈 것이다. 황해 갯벌 위에 도크Dock를 만들 때, 김구 선생은 이름 없는 노무자들과 함께 말할 수 없는 아픔을 함께 했다는 사실을 잊을 수 없다. 또한 1950년 6·25전란을 겪으면서 이북5도민들은 고향을 떠나 거의 인천으로 자리를 옮겼다.

왜냐하면 인천은 언제나 일터 그리고 정보와 함께 희망이 있었기 때문이다. 그래서 그 많은 사람들이 건강만 하면 인천에 가서 일가를 이룰 수 있는 새로운 힘과 당찬 포부를 가질 수 있었던 것은 이들과 협력하고 친절하며 사랑을 아끼지 않았던 인천 사람들이 있었기 때문이다. 1918년 제1갑문식 선거 건설에 성공했고, 1974년에 제2선거가 완공되었고, 동시에 컨테이너터미널이 생겼으며 금년에는 크루즈 선박 전용항도 완공되어 손님들이 들고나기 시작했다. 이러한 때에 경인일보 특별취재팀이 심혈을 기울여 엮은 『인천항 이야기』는 인천의 뿌리를 찾으려는 노력이자 오늘의 인천항이 되기까지의 역사와 노력한 사람들의 이야기를 현장에서 찾고, 발로 뛰어 만든 귀중한 책이다. 그 노력에 각별한 감사를 드린다.

나는 이 글을 쓰면서 인천항에서 일해 온 항운노조 조합원과 항만관계 근로자와 사용자 그리고 관계자들의 노고를 역사와 함께 잊어서는 안 된다고 생각한다. 이 항만은 여기서 일한 사람 모두의 희망의 터전이었기 때문이다. 끝으로 인천은 부산보다 인구는 30만~40만 명 정도 적지만, 학생 수는 2,700여 명이 더 많은 300만 도시이면서도 이 나라 중심에 위치했다. 이에 걸맞은 인천의 위상과 역할을 찾아야 한다. 우리는 새로운 평화와 통일의 시대를 시민의 긍지와 자각으로 열어 나가야 한다. 우리 각자가 위대해질 때, 우리 민족이, 우리나라가 위대해지는 가장 빠른 길이라는 마음가짐으로 후학을 길러낸다면 우리 지역 뿐 아니라 우리 민족의 앞날은 밝아오는 여명을 맞이할 것이다.

2019년 8월

지용택 새얼문화재단 이사장

차 례

005 **책을 내면서**
008 **추천의 글**

인천항 사람들

019 바다의 길잡이 **해상교통관제사**
    뱃사람들 안전 키 잡은 '인천항의 천리안'

027 바닷길로 세계를 잇는 **외항선 선장**
    경제 대국 개척한 항해사들, 오늘도 새로운 길을 그린다

035 **인천항운노조**
    맨몸으로 일군 '인천 드림' 온몸으로 맞선 '격동 세월'

042 인천 신항 **컨테이너 크레인 기사**
    인천항 내려다보는 작은 방… 그 역사의 '시작과 끝' 쌓다

050 **줄잡이와 라싱**
    단단히 묶은 '인천항 안전' 흔들리지 않는 자부심

056 **하역원과 포맨**
    거대한 배 들썩이게 하는 '부둣가의 오케스트라'

062 관세국경 수호자 **세관 검색팀**
    물 위의 은밀한 거래 "항상 우리가 보고 있다"

070 건강안보 최전선 지키는 **검역관**
    치명적인 메르스·에볼라·사스 등
    감염병 병원체 밀항자들 '물 샐 틈 없는 감시'

076 선박 안전 길잡이 **도선사**
    집처럼 편안하게 이끄는 인천항의 에스코트

인천항과 배

091 안전 서포터 **예선**
거구는 피해갈 수 없는 '아슬아슬 밀당'

099 인천항 택시 **통선**
망망대해 긴 기다림 달래주는 '바다의 퀵서비스'

106 해상의 화물차 **바지선**
인천항 건설 일대기에 빠질 수 없는 '특급 조연'

112 인천항 **순찰선**
세계적 항만, 작은 위험까지 세심한 케어

119 인천항 **연안여객선**
사그라든 인천항 뱃길 '섬의 일상·설렘'으로 다시 수놓다

130 한중 바닷길 잇는 **한중카페리**
한중 교역 물꼬 튼 '서해 황금가교'

142 남북극 연구 전초기지 **'아라온호'**
두터운 빙벽 뚫고 정진하는 바다실험실

149 **선박건조 기술자**
수많은 사연 이어붙인 작은 배, 물 위에 띄우다

물류 거점 인천항

163 인천항과 **화주**
화물과 함께 항만경제 움직이는 '교역의 큰 손들'

170 국제물류 주선업 **포워더**
기업·직구족 '수출입 문과 문' 잇는 운송 설계자

176 항만과 함께 성장한 **선사**
첨단 국제항 인천항의 '변치 않는 VIP 고객'

183 인천항 향토하역사 **선광**
세계 흐름 맞춘 공격적 투자, 글로벌 인천항 '70년 파트너'

189 인천항 향토하역사 **영진공사**
환갑 앞둔 세월에도 멈출 줄 모르는 '항만 성장판'

195 인천항 향토하역사 **우련통운**
'사람 우선' 73년 철학, 변치 않는 '혁신 아이콘'

201 컨테이너와 **컨테이너 수리업**
'세계 물류 바꾼 혁신' 밑바닥까지 새것처럼 변신

207 제2의 공장 **창고**
보관 넘어 첨단 기능 집적화 '원스톱 물류 거점'

220 인천의 산업역군 **화물차**
항만과 내륙 잇는 물류 대동맥, 엔진이 멈추면 경제도 멈춘다

인천항과 시설기관

231 인천항 관문 **갑문**
세계 No.3 조수 간만 차 극복한 '바다의 엘리베이터'

242 바다의 신호등 **항로표지시설**
긴 밤여행에 지쳐갈 때쯤 반갑게 손짓하는 불빛

256 인천항 운영기관 **인천항만공사**
멈춰버린 엔진 다시 움직이게 한 '인천항 캡틴'

266 바다 수호 첨병 **해양경찰**
한순간 돌변하는 바다, 한결같은 안전 지킴이

273 인천의 **해원양성 교육기관**
인천서 첫 출항한 해원양성소, 해양도시 자존심 잇는 해사고

인천과 바다

281 인천과 **포구**
　　　펄떡이는 어촌마을 '정취' 빌딩 숲 속에서 음미하다

294 뱃사람과 **바다 날씨**
　　　물 위에 맡긴 삶, 하늘의 뜻을 구하다

301 **연평도 꽃게잡이**
　　　아침햇살 그물 삼아 '만선의 꿈' 건지다

308 강화도 **새우젓**
　　　황금어장서 담근 명품 젓갈, 엄마표 김치 '필수 레시피'

인천바다 과거와 미래

317 **바다와 함께한 인천의 역사**
　　　격랑의 세월 넘어온 해양도시, 통일시대로 나아가다

323 **해양 안보와 인천**
　　　삼국시대부터 나라 명운 지켜온 '서해의 대마'

335 **남북을 잇는 뱃길의 시작 인천항**
　　　쌍둥이 같은 남북 항구… 통일 시대의 '관문' 연다

인천항 사람들

바다의 길잡이 **해상교통관제사**

바닷길로 세계를 잇는 **외항선 선장**

인천항운노조

인천 신항 **컨테이너 크레인 기사**

줄잡이와 라싱

하역원과 포맨

관세국경 수호자 **세관 검색팀**

건강안보 최전선 지키는 **검역관**

선박 안전 길잡이 **도선사**

바다의 길잡이 **해상교통관제사**

뱃사람들 안전 키 잡은
'인천항의 천리안'

"인천항 VTS. 여기는 시노코인천호입니다. 콜사인(선박 호출부호) DSFR9. 현 시각 장안서 2마일 지점 통과 중 인천 관제 구역에 진입 했습니다. 팔미도 도선점 통과 예정 시간은 9시 50분, 목적지는 송도 한진컨테이너터미널입니다."

2018년 1월 9일 오전 9시 인천 연안부두 근처에 있는 인천항 해상교통관제센터(VTS, Vessel Traffic Service)에서 인천항에 들어오는 선박의 '입항 보고' 무전이 울렸다. 이 배는 중국 옌타이煙臺에서 인천항에 들어오는 컨테이너 선박이다. 인천항에 입항하는 화물선과 특수 목적선, 대형 어선은 대이작도 근처 해상 3㎞(장안서 2마일) 전에 반드시 인천항 VTS에 입항 보고를 하게 돼 있다. 자유롭게 운항하다가 인천항 VTS 관제 구역에 진입하면 해경의 통제를 받는다.

VTS는 인천 앞바다의 안전 길잡이다. 연안에 들어온 배가 안전하게 항만에 정박할 수 있도록 하는 것이 이곳에서 일하는 해상교통관제사의 역할이다. 인천항 VTS에서 근무하는 방호철(31) 해상교통관

제사는 "관제사의 임무는 인천항에 드나드는 배의 움직임을 관찰하고, 사고 예방을 위해 조언하고 지시하며, 사고가 발생할 경우 이 사실을 재빨리 전파하는 것"이라고 설명했다.

이날 인천항에 입항하는 도선導船 대상 선박은 46척이다. 전날 밤 10시부터 풍랑주의보가 내려졌기 때문에 다른 날보다 입항 선박이 적은 것이라고 한다. 평상시 인천항 도선 대상 선박은 60여 척 수준이다. 외국적 선박과 2천t 이상의 대형 선박에만 도선사가 탑승하기 때문에 일반 선박까지 합치면 하루 수백 척의 선박이 인천항 VTS와 교신하고 있다.

방 관제사가 일하는 관제실은 6층 규모의 인천항 VTS 제일 꼭대기에 있다. 삼면이 바다가 보이도록 탁 트여 있는 관제실이지만, 눈으로 관찰할 수 있는 부분은 인천해양경찰서 전용부두에서 내항 일부분에 불과하다. 대이작도 남방 10㎞ 해상에서부터 영종대교 남단 5㎞ 해상까지 598㎢의 넓은 관제 구역을 관제사들은 이곳에 설치된 24개 모니터를 통해 확인하고 있다. 모니터에는 전산화된 해도海圖가 펼쳐져 있다. 각 선박에서 보내는 신호를 수신한 해도는 인천 앞바다를 지나는 배들의 위치를 표시한다. 이를 보고 충돌이 예상되면 관제사가 해당 선박에 사고 위험을 알린다.

방 관제사는 "자동차는 브레이크가 있어 제동할 수 있지만, 배는 급브레이크가 없다. 이 때문에 관제사가 보고 있다가 속력과 중량을 가늠해서 사고 위험성을 일찌감치 선박에 알려야 한다. 그날 조류와 풍속 등도 끊임없이 살펴야 안전하게 관제할 수 있다"고 했다.

이러한 이유로 관제사는 해당 항만이나 연안을 천리안처럼 꿰뚫고 있어야 한다. 배와 바다에 대한 소양을 갖춰야 하므로 5급 항해사 면허와 함께 1년 이상 승선 경력은 필수다. VTS가 과학기술의 발달로 레이더 등 최첨단 장비를 갖추게 됐지만, 여전히 해상교통관제의 중심에 '사람'이 건재한 이유다.

지금은 바다의 안전을 위해 해상교통관제가 필수 요소로 자리 잡아 전 세계 모든 국가가 VTS를 운영하고 있지만, 100여 년 전만 해도 필수 요소는 아니었다. 해상교통관제에 대한 중요성이 커지게 된 것은 우리에게 영화로 잘 알려진 '타이타닉호 침몰 사고' 때문이다.

1912년 대서양을 항해하던 타이타닉호는 거대한 빙산에 충돌하는 사고를 당했다. 배에 타고 있던 통신사들은 사고 직후 주변을 항

해하던 선박에 구조 요청 신호를 보냈다. 하지만 이에 응답한 배는 단 한 척. 당시에는 무선통신 설비를 24시간 가동해야 하는 규정이 없었다. 통신 장비를 작동하고 있던 한 척의 배가 구조 보트에 타고 있던 타이타닉 승객 700여 명을 구했지만, 1천500여 명의 승객과 승무원은 목숨을 잃을 수밖에 없었다. 이 사고를 계기로 국제해사기구(IMO)는 '국제해상인명안전협약(International Convention for the Safety of Life at Sea)'을 채택했다. 협약에 따라 모든 배는 무선통신기기를 장착하고, 이를 24시간 가동해야 하며, 각 나라의 해안국은 이를 반드시 수신해야 하는 의무가 생겼다.

1·2차 세계대전을 통해 발전한 레이더는 해상교통관제에도 영향

🔺 방호철 해상교통관제사가 인천항에 들어오는 선박과 무전 교신을 하고 있다. 인천항 연안에 입·출항하는 배가 안전하게 항만에 정박하고 출항할 수 있도록 하는 것이 해상교통관제사의 역할이다.

🔻 해상교통관제센터 내부 모습.

을 끼쳤다. 1948년에는 영국 리버풀항에 전 세계 최초로 VTS가 만들어졌으며, 1960년대 이후 중요성이 강조되면서 급속도로 확대됐다. 그러나 우리나라에서는 1990년대 초반까지 무선통신에 의한 해상 관제가 주를 이루고 있었다. 대형 선박들이 오가는 해상의 안전을 무선통신에만 의지하는 것은 한계가 있었다. 1989년부터 10년 동안 포항지방해양항만청에서 통신사로 근무했던 인천항 VTS 김영국(58) 센터장은 "VTS는 레이더를 통해 선박의 현재 위치를 알 수 있지만, 통신 관제는 선박이 보내주는 신호를 그대로 믿어야 했다"며 "이 때문에 관제사가 지시하는 부두에 정박하지 않고 허위 신고를 하거나 정박해 있는 배들과 접촉 사고를 내고 도주하는 경우도 종종 발생했다"고 당시를 회상했다.

1980년대부터 급격히 늘어난 선박 사고도 VTS 설립에 대한 목소리를 키우기 충분했다. 해양수산부가 2013년 발간한 해상교통관제 백서에 따르면 1980년 우리나라 선박 사고는 255건이었지만, 1990년에는 515건으로 10년 사이 두 배 이상 증가했다.

VTS 설립 필요성은 꾸준히 제기됐지만, 문제는 예산이었다. 당시 11억 원에 달하는 VTS 설립 비용을 정부가 감당하기 어려웠기 때문이다. 포항항만청은 포항항 항로 준설공사를 시행할 예정이었던 포항제철에 도움을 요청했다. 포항제철이 VTS 공사에 필요한 자금을 대고, 공사가 완공된 이후 포항항 항만 이용세에서 공사비를 공제하는 방식이었다. 포항제철도 철을 만드는 데 필요한 철강석을 실은 대형 선박이 사고라도 난다면 그 피해가 막대했기 때문에 선박 안전 확보는 시급한 문제였다. 김 센터장은 "당시 이우극 포항항만청장이

🔺 1975년 마산지방항만관리청 충무항무통신실 모습. / 해양경찰청 제공
🔺 1992년 12월 전국 최초로 발급된 해상교통관제사 자격증. 당시에는 노르웨이 기술자들이 우리나라 통신사를 대상으로 교육을 진행해 자격증을 발급했다. / 인천항 VTS 김영국 센터장 제공

'한 건의 선박 사고만 막아내더라도 11억 원의 설치비를 충분히 의미 있게 사용한 것'이라고 말하며 포항제철을 설득했다"고 말했다.

포항제철은 VTS 도입에 적극적으로 찬성했고, 1993년 포항 VTS 가 전국 최초로 문을 열었다. 김 센터장은 "당시에는 국내에 VTS 기술자가 없었기 때문에 노르웨이에서 기술자가 방문해 장비를 설치하고, 국내 통신사에게 장비 운용 방법을 교육했다"며 "1년 정도 교육을 받은 뒤, 7명의 직원에게 국내 최초의 해상교통관제사 자격증을 발급했다"고 말했다.

1970년부터 운영되던 인천항 항무통신국에도 1998년 해상교통관제 시스템이 본격적으로 도입됐다. 이후 2006년 건물을 신축해 지금의 모습을 갖추게 됐다. 이곳에서 일하는 18명(6명이 1개 팀으로 3교대 근무)의 관제사는 CCTV 18대, 기상장비 7대, 레이더 등 관제장비 24대를 이용해 인천항의 안전을 책임지고 있다.

방호철 관제사는 "우리가 직접 배를 운항하지는 않지만, 선박의 안전을 책임지는 사람이라고 생각한다"며 "관제사는 바다를 의지해서 먹고사는 많은 사람의 버팀목이 돼야 한다. 그들이 안전하게 활동할 수 있도록 뒤에서 묵묵히 도와주고 있다"고 했다.

바닷길로 세계를 잇는 **외항선 선장**

경제 대국 개척한 항해사들, 오늘도 새로운 길을 그린다

육지에는 차량이 다니는 도로와 사람이 다니는 인도가 있다. 하늘은 각 나라의 상공을 통과해야 하기 때문에 항공기가 이용할 수 있는 '하늘길'이 정해져 있다. 바다는 어떨까. '있기도 하고 없기도 하다'가 정답이다. 인천항과 같은 항만 인근에는 배들이 이용해야 하는 '바닷길'인 항로가 있다. 항만마다 많은 선박이 다니고 있어 충돌·좌초 등의 사고를 방지하기 위한 것이다. 예를 들어 인천 내항에서 출발한 배는 문갑도 인근 해역까지 정해져 있는 '서수도'라는 출항항로를 이용해야 한다. 서수도 항로는 출항하는 선박만 이용할 수 있는 '일방통행 길'이다. 마찬가지로 입항하는 선박만 이용할 수 있는 항로도 정해져 있다. 하지만 각국에서 정한 '항만 인근 항로'를 벗어나면 정해져 있는 길은 없다. 이곳에선 선박들이 자유롭게 오갈 수 있다. '없기도 한' 이유다. 국가와 국가를 오가는 선박들은 자신만의 '항로'를 선택해 바다를 항해한다.

초대형 유조선(VLCC, Very Large Crude oil Carrier) C.VISION호는 이

란과 쿠웨이트에서 원유를 싣고 호르무즈 해협, 인도 남쪽 연안, 말라카해협, 싱가포르 해협 등을 지나 2018년 1월 13일 오후 인천 북항 SK인천석유화학 부두에 도착했다. 항해 기간은 20여 일. 하지만 정해져 있는 항로를 지난 기간은 하루도 되지 않는다. 나머지 기간은 선사와 선장이 배가 가는 길을 선택한다.

C.VISION호에서 만난 박성택(56) 선장은 "그 넓은 바다에 정해진 길이 있을 수 없다. 목적지와 출발지가 같더라도 매번 가는 길이 달라질 수밖에 없다"고 말했다. 그가 말하는 항로 선택의 가장 중요한 기준은 안전이다. 그는 "위험을 무릅쓰고 태풍이 몰아치는 곳으로

갈 이유가 없다"고 했다. 효율성도 중요한 선택 기준이다. 30만 t의 원유를 실을 수 있는 C.VISION호는 하루 운항하는 데 약 200t의 연료를 사용한다. 이 때문에 안전을 전제로 수송 기간과 연료 소모를 줄이는 항로를 선택한다.

박 선장은 1987년부터 선원으로 일했다. 30년 동안 그가 배를 타고 간 곳은 56개국, 도시는 100곳이 넘는다.

그는 "지금은 장비가 발달해서 주변에 섬과 같은 지형지물이 하나도 없어도 배가 있는 위치가 위·경도로 정확히 표시된다. 이러한 장비가 발달하지 않았을 때에는 별과 태양, 조류 등으로 배의 위치를

🔺 C.VISION호 박성택 선장.
◀ 인천 북항에 정박 중인 C.VISION호.

▲ 30만 t의 원유를 실을 수 있는 초대형 유조선 C.VISION호가 인천대교를 통과하고 있다. 인천 신항과 LNG부두를 제외하면 인천항에서 출항하는 모든 선박은 인천대교를 통과해야 한다.

확인하고 항해했다"고 말했다. 이어 "3항사로 일할 때 1주일 동안 날씨가 좋지 않아서 해와 별을 보지 못했다. 해류 정보만 가지고 1주일 동안 항해했는데, 원래 목적지와 20㎞밖에 차이가 나지 않았던 적이 있다"고 회상했다.

박 선장이 운항하는 배 C.VISION호는 한 번에 약 200만 배럴의 원유를 선적할 수 있다. 이번에도 202만 배럴의 원유를 싣고 왔다. 150만 배럴은 울산에 내리고, 나머지 원유를 인천항에서 하역했다. 이 배가 한 번에 싣고 온 원유량은 우리나라 전체가 하루에 쓰는 양과 맞먹는 수준이다. 에너지경제연구원이 펴낸 에너지통계 월보를 보면, 2016년 한 해 동안 우리나라에서 소비한 석유는 1억 1천476만

toe(석유환산톤)으로 8억 5천만 배럴에 해당한다. 우리나라 전체가 하루에 약 230만 배럴을 사용한 셈이다.

박 선장은 "선원이라는 직업은 쉽지 않은 일이긴 하지만, 우리나라에 필요한 에너지를 공급한다는 자부심이 있다"며 "집채 만한 파도에 맞닥뜨리거나 해적을 만날 수 있는 위험을 감수하고서 이 일을 하는 이유 중 하나"라고 말했다. 이어 "아직도 소말리아, 싱가포르 인근 해역에서는 해적이 자주 출몰한다"며 "소말리아 해적은 총기 등으로 중무장을 하고 있기 때문에 선원들이 해적 피해를 막기 위해 '해적 불침번'을 선다"고 말했다.

국토교통통계연보에 따르면 2015년 바다를 통한 국제화물 운송량은 12억 1천678만 t으로, 전체 화물의 99.7%에 이른다. 항공화물은 352만 t으로, 분담률은 0.3%에 불과하다. 수출입 화물의 대부분이 바닷길을 통해 운송되고 있는 것이다.

2017년 인천항에 들어왔다가 나간 외항선은 8천378척이다. 이들 배가 향한 곳은 전 세계 142개국 853개 도시다. 우리나라는 이들 배에 물품을 실어 외국에 수출하고, 우리에게 필요한 물품을 수입하기도 한다. 자동차, 전자제품, 식료품, 원유, 장난감, 의류 등 생활에 필요한 물품 대부분은 바다를 거쳐 우리에게 온다.

바다는 물품뿐만 아니라 문화가 확산하는 데에도 역할을 한다. 우리나라에 처음 축구가 전파된 것도 영국 함정에 의해서다.

대한축구협회가 펴낸 『한국축구 100년사』에는 '영국을 모태로 하는 근대 축구를 한국에 전파한 것은 1882년(고종 19) 인천항에 상륙한 영국 군함 플라잉 피시Flying Fish호 승무원들'이라고 나와 있다.

당시 플라잉 피시호 함장 리처드 호스킨R.F.Hoskyn은 인천부 제물포 일대 해역을 조사했다. 이때 조사한 해도海圖가 아직 남아 있으며 영종도와 월미도 인근 해역의 깊이 등이 표기되어 있다. 이 배가 인천에 정박해 있을 때 선원들이 축구를 하는 모습이 전해진 게 우리나라 근대 축구의 효시이다.

플라잉 피시호에 의해 축구가 전해진 이듬해인 1883년 인천항은 개항을 맞았다. 부산과 원산에 이어 세 번째 개항이었다. 인천은 삼국시대부터 바다를 통해 중국과 교류했으나, 이때 개항으로 인천과 우리나라는 큰 변화를 맞았다. 정기적으로 외국을 다니는 상선이 생겨났고, 외국인과 새로운 문물이 인천으로 몰려들었다. 모두 바닷길 항로를 통해서였다.

🔺 1882년 영국 군함 Flying Fish호 선원들이 함장 R.F. Hoskyn의 명령으로 작성한 인천항 해도. 제물포와 영종도, 월미도 인근 해역의 깊이 등이 표시돼 있다. 인천 중구에 위치한 올림포스 호텔에 걸려 있는 것을 촬영했다.

특히 인천은 개항 직후 교역량이 가장 많은 항만이었다. 1908년 일본인 에바라 슈이치로가 쓴 『인천개항 25년사』에는 '한국 각항 무역을 살펴보면 1893년 무역 총액은 778만 8천 원인데 인천은 그중 5할 1푼 1리를 점하며, 부산은 2할 9푼 9리'라고 기록돼 있다. 이 시기 교역국은 일본, 중국, 러시아, 영국, 미국 등이었다.

인천항을 통한 무역액은 계속해서 증가했으며 지역경제에 큰 영향을 미쳤다. 《동아일보》는 1924년 3월 21일자 신문에 '청도항노(로) 폐지는 인천의 중대타격'이라는 제목의 기사를 내보냈다. 기사에서 '인천항으로는 사활 문제라고 할만한 문제가 생기어 기점의 편리를 들어 이상의 치명상을 당했다. 이에 인천상업회의소에서는 대책 강구에 나섰다'라고 했다. 인천항과 연결된 항로가 폐지되면서 인천항에 사활이 걸린 문제가 생겼다고 쓴 것이다.

해방과 한국전쟁 등을 거치면서 바다를 통한 교류는 급속도로 확대됐다. 인천항은 산업화 시대에 대표 수입항만 역할을 했으며, 최근 컨테이너 항만으로 그 위상을 높이고 있다. 원유와 LNG, 자동차 등은 대부분 전용선박에, 냉동·냉장화물과 의류 등은 컨테이너에 실려 운송된다. 컨테이너 화물의 비중이 높아지는 추세에 따라 인천항도 컨테이너 처리량이 증가하고 있다. 현대상선은 인천항에서 유일하게 미국을 잇는 정기 컨테이너 노선 서비스를 제공하는 선사다. 현대상선 이태현 인천지사장은 "정기 컨테이너 노선 서비스가 많아질수록 화주뿐 아니라 국가 경제에도 도움이 된다"고 강조했다. 미국 서비스를 처음 개설한 2015년에는 수입 화물밖에 없었고, 그 품목과 물량도 한정적이었다. 하지만 노선 개설 이후 오렌지와 쇠고기 등 냉동·냉장화물이 수입됐고, 2017년부터는 일부 기업이 이 노선을 이용해 수출을 시작했다.

정기 컨테이너 노선 서비스는 점차 늘어나고 있다. 2012년 기준 인천항을 경유하는 정기 컨테이너 항로는 38개였으나, 2017년 말 49개로 늘어났다.

역사에서 보듯 배가 다니는 길은 세계를 잇는 역할을 했다. 각국은 바다를 정복하기 위해 새로운 항로를 개척했고, 이는 '세계화' 역사와 궤를 같이한다. 새로운 항로를 개척하기 위한 시도는 계속되고 있다. 우리나라도 경쟁력 강화를 위해 새로운 항로 개척에 힘쓰고 있다. 문재인 대통령은 2018년 초 쇄빙선 건조 현장을 방문한 자리에서 "해양강국의 비전은 포기할 수 없는 국가적 과제다. 역사 이래 바다를 포기하고 강국이 된 나라는 없었다"고 말하며 최근 세계적인 관심사로 떠오르고 있는 '북극 항로 개척'을 강조했다. 북극 항로를 이용하면 아시아와 유럽을 오가는 기간이 크게 짧아진다.

 인천항운노조

맨몸으로 일군 '인천 드림'
온몸으로 맞선 '격동 세월'

　인천항운노동조합은 우리가 흔히 알고 있는 노동조합에 그치지 않는다. 130여 년 인천항의 역사를 함께한 주역이자, 지금의 인천항을 있게 한 역군이라 해도 과언이 아니다. 변변한 장비 하나 없던 시절 부두 노동자들은 맨몸으로 항을 드나드는 짐을 날랐다. 일제강점기엔 항일 운동에 참여했고, 산업화 시대에는 인천지역 경제 성장을 이끌었다. 2000년 이후에는 기계화, 상용화(항만 인력 공급 체제 개편), 내항 통합 등의 고비를 극복하며 인천항 격동의 시기마다 온몸으로 맞섰다.

　우리나라에 부두 노동자가 처음 나타난 건 개항기다. 농촌에서 땅 한 평 없어 빌어먹기도 어려웠던 사람들이 '인천 드림'을 위해 제물포로 몰려들었다. 이들은 처음에 어민, 소농민 등 일시적인 노동에 종사했다. 항만 물동량이 많아지면서 상시적 노동이 필요하게 되자 이들은 부두 노동자가 됐다. 처음에는 화주가 직접 고용하는 방식이었다. 부두 노동자 특성상 일정하지 않은 작업 시간과 작업량으

▲ 1903년 제물포항 건어물 하역장의 부두 노동자들(좌)과 1930년대 인천항에서 미곡 수출품을 나르고 있는 부두 노동자들(우).
▶ 1933년 가마니를 수송하던 우마차.

로 안정적인 노동 공급이 어려워지자 한국인 하역원은 중구 내동에 '모군청募軍廳'이라는 하역조합을 꾸려 노동자의 취업을 주선했다. 이 하역조합이 항운노조의 시초다. 조합은 개항 이후부터 2007년까지 정부의 관리하에 독점적 노무 공급체제를 인정받으며 성장했다.

　인천 부두 노동자의 노동쟁의는 일제강점기인 1923년부터 본격화했다. 일제의 침탈이 심해지면서 부두 노동자들은 임금 인상과 처우 개선을 요구했다. 당시 노동자들은 일본의 군수 물자와 수탈 물자를 하역했다. 강경애(1907~1943) 소설 『인간문제』를 보면 당시 인천항 부두 노동자들의 육체노동은 고통에 가까웠다.

짐이 와르르하고 부두에 쏟아졌다. 짐에서 떨어지는 먼지며 바람결에 불어오는 먼지가 수천 명의 노동자들이 몸부림치는 바람에 가라앉지를 못하고 공중에 뿌옇게 떠돌았다. 사람을 달달 볶아 죽이고야 말려는 듯한 지독한 볕은 신철의 피부를 벗기는 듯했다.

— 강경애 『인간문제』 중에서

부두 노동자들은 살기 위한 몸부림으로 1926년부터 1936년까지 수차례에 거쳐 파업을 벌였다. 일제의 탄압으로 쟁의는 오래가지 못했지만, 이들은 민족적 차별에 대항하고 일제의 제국주의 정책에 반대하는 목소리를 냈다. 광복 이후 미 군정, 한국전쟁, 4·19혁명 등의 역사적 혼란기에서도 하역 작업을 계속하며 노동조합을 정비해 나갔다. 1945년 10월 부두 노동자들이 '인천자유노동조합'을 창설했을 당시 조합에 가입한 노동자는 6천여 명에 달했다.

운송 사업을 중심으로 한 '인천부두노동조합'이 따로 설립되기도 했다. 이들 노조는 분열과 통합을 되풀이하며 세를 키워 나가다가 항만과 운수 분야 노동자들을 통합한 인천항운노조를 1981년 8월 설립했다. 1998년 경인항운노조로 명칭을 바꿨다가 2004년 인천항운노조로 다시 개칭해 오늘에 이르고 있다.

산업화 시대에 접어들면서 항운노조는 '기계'와의 투쟁을 시작했다. 1966년 인천항에 지게차와 크레인이 대량 도입되면서 중량화물 하역 작업이 기계화됐다. 1968년에는 마그넷(자석) 사용으로 고철, 철제류 작업도 기계화됐다. 항만 하역의 기계화는 노동조합의 존속을 위협했다. 1978년 부두 노동자로 처음 조합에 들어온 이해우(69) 인

▲ 1960년대 인천항에 하역된 밀가루 포대를 소형차에 싣고 있는 모습(좌)과 1970년대 부두 내 적재한 화물을 나르고 있는 모습(우). / 인천항운노조 제공

천항운노조 위원장은 "당시 맨몸으로 일할 때는 어떤 물건이든 어깨에 지고 메는 게 전부였다. 석탄도 실제로 삽으로 떠서 포대에 담았다. 만석부두에 가면 속옷만 입고 막걸리와 원당(설탕)을 먹으며 일하는 사람이 태반이었는데 모두 부두 노동자들이었다"고 했다. 이어 "모든 게 기계화가 되면서 몸은 편해졌지만, 이후에는 실직의 두려움에 직면해야 했다"고 했다.

노조는 '근로자에 대한 대책 없는 기계화'를 반대하고 나섰다. 대표적인 사건은 1974년 사료 도매업체 대한싸이로주식회사가 인천항에 양곡 전용부두와 진공 흡입식 하역기 2기를 완공한 것이었다. 1995년 인천항운노조가 발간한 『인천항변천사』를 보면, 당시 인천항의 양곡 하역량은 전체 물량의 20~30%를 차지하고 있었기 때문에 조합원들의 대량 실직은 불 보듯 뻔했다. 인천지부는 '대한싸이로에서 필요한 노무직은 조합원으로 둘 것', '작업 단계에서 감축한 분야는 보상할 것' 등의 대책을 강력하게 요구해 모두 관철했다.

오광민 인천항운노조 쟁의부장은 "기계화로 사람들이 설 자리가 없어졌지만 이때까지만 해도 기계로 인해 손실되는 노동의 대가를 노조의 강력한 요구로 보상받아 실제로 잘리거나 임금이 감소하는 일은 많지 않았다"며 "그럼에도 컨테이너 도입 등 기계화의 큰 흐름을 이길 수는 없었다"고 말했다.

노조는 1987년 인항고등학교를 설립하는 등 인재 양성에도 앞장섰다. 당시 노조 간부들이 "부두 노동자의 못 배운 한(恨)을 풀어보자"며 이 같은 결정을 내렸다고 한다. 인천이 전국 항운노조 중 가장 먼저 학교를 설립했다. 이는 지금까지도 이어져 노조위원장이 인항학원 재단 이사장을 겸하고 조합원 자녀들에 대한 복리 후생도 아끼지 않고 있다. 일찍이 고등학생과 대학생 자녀의 학비를 지원했다. 1978년부터 최근까지 1만여 명의 학생에게 장학금을 지급했다.

2007년에는 '항운노조 상용화 개편'이라는 큰 고비를 맞는다. 상용화 개편이란 기존 조합 소속 일용직 인력을 하역 회사별로 상시 고용하도록 항만 인력 공급 체제를 바꾸는 것을 말한다. 노조 채용 비리 재발 방지, 항만 환경 개선 등을 위해 정부는 2000년대 초반부터 상용화 개편을 추진했다. 지난 100여 년간 부두 노동자를 공급해왔던 항운노조의 독점 고용권이 모두 깨지는 순간이었다.

당시 신문 기사를 보면, 하역 노동자 1천700여 명 중 48%가 희망퇴직을 신청해 노조가 철회 기간을 두기도 했다. 정부가 희망퇴직 시 생계지원금을 최대 1억 7천만 원까지 줬기 때문이다. 2천800여 명에 달했던 전체 조합원 수는 1천 명 초반대로 추락했다. 노조는

🔺 인천항운노조는 조합원들의 후생복지시설 마련을 위해 정부에 복지회관 건립을 건의, 2006년 '근로자의 집'을 개관했다. 신협, 체력단련실, 인천항운노조 사무실, 휴게실 등을 갖췄다.

"인천항이 뼈를 깎는 노력을 해야 한다"며 한발 양보해 합의를 이뤘다.

항운노조는 '항만 배후단지 조성을 위한 정부 지원', '부두 임대료 인하 촉구' 등 인천항의 경쟁력을 갖추기 위해 정부와 기업 관계자, 국회의원 등을 만나며 발 빠르게 움직이고 있다.

이해우 위원장은 "인천항이 수도권이기 때문에 다른 항보다 비용이 비쌀 수밖에 없다. 인천항만공사는 시설에 대한 투자를 아끼지 말아야 한다. 경쟁력을 갖출 수 있는 항으로 조성해야 한다"고 했다. 이어 "격동의 인천항 역사와 궤를 함께하며 인천항운노조는 다른 지역 노조보다 더 빨리 시대의 흐름에 발맞춰 변화하며 성장했다"면서 "앞으로도 조합원들이 주인 의식을 갖고 일할 수 있게 하는 것이 노조의 목표"라고 했다.

인천 신항 **컨테이너 크레인 기사**

인천항 내려다보는 작은 방…
그 역사의 '시작과 끝' 쌓다

　무역과 수출입 동향 등의 소식을 전하는 TV 경제 뉴스를 볼 때마다 화면을 통해 반드시 만나야만 하는 영상이 있다. 드넓은 바다를 배경으로 알록달록한 컨테이너가 빼곡히 쌓여있는 컨테이너터미널의 모습과 거대한 크레인이 긴 팔을 바다로 뻗어 배에서 컨테이너를 싣고 내리는 모습이다. 이러한 이미지가 마치 하나의 상징처럼 우리 머릿속에 자리 잡게 된 이유는, 수출입의 전초기지 역할을 하는 컨테이너터미널이 그만큼 중요하고 우리 경제에 꼭 필요한 존재이기 때문이다.

　인천 신항 선광신컨테이너터미널(SNCT)은 컨테이너를 실은 대형 트럭이 쉴 새 없이 드나드는 등 언제나 활기가 넘치는 모습이다. 컨테이너터미널에서 매우 중요한 역할을 하는 기계는 우리가 흔히 갠트리 크레인Gantry Crane 또는 컨테이너 크레인Container Crane으로 부르는 STS(Ship To Shore) 크레인이다. 컨테이너터미널은 크레인이 가장 효율적으로 작업할 수 있도록 설계·배치돼 있다.

🔺 부두에 즐비하게 서 있는 컨테이너 크레인들이 컨테이너 선적과 하역 작업을 쉴 새 없이 반복하고 있다.

컨테이너 크레인을 조종하는 기사야말로 컨테이너터미널에서 가장 중요한 핵심 인력이다. 수출입 항만 물류의 시작과 끝이 바로 이 컨테이너 크레인 기사의 손에 달려있기 때문이다.

크레인 기사로 일하는 SNCT 김세중(42) STS 반장은 2017년 인천항의 300만 번째 컨테이너를 하역한 사람으로 유명세를 타기도 했다. 그해 인천항의 연간 컨테이너 물동량은 처음으로 300만 TEU를 넘었다.

2018년 1월 12일 김 반장은 1천700 TEU 급 컨테이너 화물선 NordClaire호에서 컨테이너를 내리는 작업을 하고 있었다. 전자 부품 등 원·부자재를 주로 실은 이 배는 컨테이너 239개를 내린 뒤,

215개의 컨테이너를 싣고 출항할 예정이었다. 김 반장은 45m 높이의 크레인 조종실에서 크레인을 조작한다. 조종석 바닥은 투명한 유리로 돼 있어, 크레인 아래에 있는 컨테이너들을 내려다볼 수 있다.

크레인은 배 위에 있는 컨테이너를 집어 올려 부두에 대기하고 있는 트럭 모양의 '야드 트랙터'에 올려놓는다. 야드 트랙터는 이 컨테이너를 터미널 안쪽의 넓은 곳으로 옮긴다. 컨테이너를 배에 싣는 작업은 반대의 순서로 진행된다. 야드 트랙터가 부두 근처로 컨테이너를 싣고 오면 컨테이너 크레인이 집어 배 위에 놓는다.

김 반장은 크레인을 능숙하게 조종해 배 위에 있는 컨테이너를 야드 트랙터 위에 한 치의 오차 없이 정확히 내려놓았다. 그는 SNCT 소속 기사 중에서 생산성이 높은 기사로 인정받는데, 그는 한 시간에 63개의 컨테이너를 내린 적도 있다고 했다. 능숙함 때문에 길거리에서 흔하게 볼 수 있는 인형 뽑기보다 조작이 쉬워 보일 정도였다. 하지만 대형 크레인을 움직인다는 것이 간단한 일은 아니다. 그는 "고공 크레인 작업은 상상하는 것 이상으로 고된 작업이면서 동시에 섬세함까지 요구된다"며 "2시간 이상 작업하는 것이 금지돼 있을 정도"라고 했다.

컨테이너를 옮기려면, 고공에 매달린 한 평 남짓한 좁은 공간에서 크레인의 긴 팔(붐)을 따라 앞뒤로 10~40m씩 움직이기를 수백 차례 반복해야 한다. 몸은 매번 녹초가 된다. 하역 작업을 진행하면 무게가 달라져 화물선의 높이가 변하는 것은 물론 선수(배 앞부분)와 선미(배 뒷부분)의 높이가 달라 경사가 생기는데, 이를 잘 파악해 크레인을 조작해야 한다.

베테랑인 그도 긴장하는 순간이 있다. 컨테이너 화물선 갑판의 해치(덮개)를 옮기는 작업이다. 김 기사는 "해치를 옮길 때는 선박의 구조물을 손상하는 일이 없도록 작업해야 한다"며 "작업 과정에서 사고라도 일어난다면 위험 요소를 제거한 뒤 작업을 재개해야 하기 때문에 회사 입장에서 큰 손실을 보게 된다"고 했다. 컨테이너를 빨리 싣고 내리는 것이 중요하지만, 작은 사고에도 항상 주의를 기울여야 하는 이유다.

지금 각국 항만은 컨테이너를 빨리 싣고 내리기 위해 속도전을 벌이고 있다.

컨테이너라는 철제 상자가 항만 물류에 상용화된 것은 불과 60

▼ 드넓은 바다를 배경으로 알록달록한 컨테이너가 빼곡히 쌓여있는 인천 신항 선광컨테이너터미널.

여 년밖에 되지 않았다. 지금과 같은 모습의 현대화된 컨테이너를 발명한 사람은 미국의 운송업자 말콤 맥린Malcom McLean이다. 마크 레빈슨Marc Levinson이 쓴 『THE BOX』라는 책을 보면 1956년 4월 26일 유조선을 개조한 '아이디얼X호'라는 배가 알루미늄으로 만든 35피트(약 10m) 길이의 상자 58개를 미국 뉴저지에서 휴스턴으로 5일 만에 운반한 것이 컨테이너 운송의 시작이다.

세계적 석학 피터 드러커Peter Ferdinand Drucker는 이 컨테이너를 '세계 경제사를 바꾼 대혁신적 발명품'이라고 불렀고, 포브스는 컨테이너를 실제 화물 운송에 이용한 말콤 맥린을 '20세기 후반 세계를 바꾼 인물 15인' 가운데 한 사람으로 선정했다.

인천항은 대한민국 최초의 '컨테이너 전용부두'라는 타이틀을 갖고 있어 관련 역사가 깊다. 세계 항만 하역의 기계화가 진행되면서 컨테이너 하역 장비 등이 부두에 설치·운영됐다. 일반 잡화의 컨테이너화로, 컨테이너 운송 구조도 '문전에서 문전까지door to door'로 발전했다. 우리나라도 현대화된 하역 장비를 갖춘 컨테이너 전용부

두의 필요성이 제기됐다. 이 같은 시대적 추세에 맞춰 계획적으로 축조된 것이 인천항 내항 4부두 컨테이너 전용부두다. 이 부두는 1974년 5월 10일 인천항 선거와 함께 준공됐다.

2008년 인천항만공사가 펴낸 『인천항사』를 보면 4부두의 시설과 하역 능력은 5만 t 급 1선석을 포함해 5척의 선박이 동시에 접안할 수 있는 규모다. 컨테이너 크레인 3기(30t)가 설치됐으며, 연간 27만 개의 컨테이너를 처리할 수 있는 능력을 갖췄다. 인천항 갑문과 4부두 컨테이너 전용부두 준공식에는 박정희 대통령도 참석했다.

해운항만청이 1986년 발행한 『항만편람』에는 1969년 인천항에서 처리한 컨테이너 개수가 2천437개로, 부산항의 944개를 크게 앞섰다는 통계도 있다.

대한민국 정부 공인 최초 도선사인 배순태(1925~2017) 전 ㈜홍해 회장의 자서전 『난 지금도 북극항해를 꿈꾼다』에도 인천의 컨테이너 부두와 관련한 이야기가 나온다. 인천항 갑문이 준공식을 한 달여 남짓 남겨두고 있을 무렵의 이야기이다.

> 준공 전 시험운전의 대상으로 한진 부두에 설치될 컨테이너 갠트리 크레인을 선적한 중량물 운송선 여수호의 선거 내 입항이 결정됐다. (중략) 당시 책임자였던 부청장인 김준경 씨는 만사 제쳐 놓고 매일 나를 찾아와 도선을 맡아달라고 졸라 대기 시작했다.
> (중략) 여수호가 최초로 갑문을 통과하는 데 성공한 것은 참으로 기분 좋은 일이었다. 1974년 3월 27일 내가 올라탄 여수호의 브리지에는 밝은 햇살이 비쳤다.

지금과 같이 대형 STS 크레인을 갖춘 컨테이너터미널이 조성되기 전에는 앵글 크레인(이동식 육상 크레인)에 와이어를 걸어 작업했다. STS 크레인과 앵글 크레인은 생산성 부문에서 3배 이상 차이가 난다.

1970년대 후반부터 인천항에서 크레인 기사로 일한 SNCT 김갑태 (59) 기사는 "앵글 크레인은 지상 인력도 4~6명이 필요해 지금 현대화된 STS 크레인과 비교하면 작업 효율이 많이 떨어졌다"며 "인천 신항의 STS 크레인을 보면 격세지감이라는 말이 실감이 난다"고 말했다.

인천 신항에서는 선광과 한진이 각각 컨테이너터미널을 운영하고 있다. 컨테이너 크레인은 총 14대가 설치돼 있는데, 1대 가격이 100억 원에 달한다. 중국은 2000년대 중반부터 전 세계 컨테이너 크레인의 90% 정도를 공급하고 있다. 저렴한 인건비 때문이다.

2017년 인천항이 처리한 컨테이너는 304만 8천516TEU로, 2018년에는 310만 5천 TEU를 처리했다.

김세중 반장은 "컨테이너 크레인 안에서 한 해를 보내고 새해를 맞기도 했다. 그만큼 추억이 많다"며 "인천항의 컨테이너 물동량이 증가했다는 뉴스나 언론 보도가 내 소식처럼 반가웠다"고 했다. 이어 "아내와 세 자녀도 아버지가 수출입 현장의 최일선에서 일하는 것을 매우 자랑스러워한다"며 "컨테이너 처리량이 400만, 500만을 넘어설 때까지 인천항을 위해 일하고 싶다"고 말했다.

줄잡이와 라싱

단단히 묶은 '인천항 안전'
흔들리지 않는 자부심

대한민국을 흔히 '통상 국가'라고 부른다. 우리나라는 삼면이 바다로 둘러싸여 있는 지리적 환경을 가지고 있고, 지하자원이 부족하다. 이런 점 때문에 교역의 중요성을 강조한 말이 바로 '통상 국가'다. 통상을 위해 필수적인 것이 항만과 선박이다. 우리나라 교역의 99%가 바다를 통해 이뤄진다.

항운노조는 바다를 통한 교역에 있어 한 축을 담당한다. 선박이 항만에 접·이안하는 것을 돕고, 짐을 내리고 싣는 모든 과정에서 역할을 한다.

2018년 11월 20일 오전 11시 인천항 내항. 인천과 중국 칭다오를 오가는 카페리선 골든브릿지5호가 입항을 위해 안벽 가까이 다가오자 등에 'Line Handling'이라고 쓰인 옷을 입은 항운노조원들이 배를 맞을 준비를 했다. '줄잡이' 또는 '강취방'이라고 불리는 이들은 선박이 부두에서 이탈하지 않도록 선박에서 제공하는 줄을 부두에 설치된 'ㄱ'자 모양 구조물인 '계선주'에 고정하는 역할을 맡는다. 보

🔺 줄잡이는 선박을 부두에 고정하는 역할을 한다. 인천항 내항에서 인천항운노조원들이 카페리선 골든브릿지5호와 부두를 연결하고 있다.

통 한 척의 배는 앞뒤로 각각 4~6줄을 연결한다. 적게는 수천 t에서 10만 t 이상의 무게인 선박을 고정하기 때문에 줄의 너비는 10㎝ 이상으로 두껍다.

작업은 선박에서 육지로 내린 줄을 끌어올리는 방식으로 진행된다. 줄은 계선주에 연결하는 굵은 줄, 이와 연결된 '오소리 줄'이라고 불리는 얇은 줄로 구성된다. 선박에서 줄을 육지로 던지면 줄잡이들이 얇은 줄을 잡으면서 작업이 시작된다. 이때 계선주에 묶어야 하는 줄은 바다에 빠져 있다. 줄잡이들은 먼저 얇은 줄을 끌어당긴 뒤, 계선주에 연결하는 굵은 줄이 나타나면 계선주에 연결한다. 줄 자체가 무거운 데다 바닷물을 머금고 있기 때문에 두 명이 힘을 합쳐 줄을 끌어당긴다. 줄을 계선주에 건 뒤에는 선박에서 장비를 활용해 줄을 잡아당긴다. 느슨했던 줄은 팽팽해진다. 이러한 작업을 배 앞뒤에서 각각 4차례 진행한 뒤에야 접안 작업이 마무리된다.

줄잡이 업무는 카페리선뿐만 아니라 작은 어선부터 유조선이나 크루즈 등 대형 선박에서도 같은 방식으로 진행된다. 선박의 규모에 따라서 줄의 두께와 계선주에 연결하는 줄의 개수 등이 달라질 뿐이다.

인천항에서 20여 년간 줄잡이 업무를 한 이성환(59) 소장도 이날 작업을 했다. 이 소장은 "밖에서 보기에는 쉬워 보일 수 있지만, 위험하고 힘들기도 한 작업"이라며 "선박에 타고 있는 선원들과 호흡이 맞지 않으면 줄의 무게 때문에 다치는 일도 발생한다"고 말했다.

인천 신항과 남항이 조성되기 이전에는 인천항에 들어오는 선박 대부분이 인천항 내항으로 입항했다. 입항하려는 선박은 많았지만, 부두 공간이 충분하지 않았기 때문에 최대한 많은 선박을 접안하기 위해서 효율적으로 공간을 이용했다. 이 과정에서 줄잡이들이 선박을 옮기는 역할을 하기도 했다. 접안돼 있는 선박의 위치를 50~100m 옮기는 데 줄을 이용한 것이다. 고정돼 있던 줄을 해체한 다음 이 줄을 길게 늘어뜨린 뒤 이동하고자 하는 곳에 있는 계선주에 고정한다. 그런 후 선박에서 줄을 잡아당기는 방식으로 배를 움직이게 하는 것이다.

이 소장은 "과거에는 내항으로 들어오려는 배가 많았기 때문에 배 위치를 조정해서 더 많은 선박을 접안했다. 하지만 신항과 남항 등 항만이 잇따라 조성되면서 지금은 그러한 작업을 하지 않는다"고 했다. "다른 작업들은 많이 기계화가 이뤄졌지만, 줄잡이 작업은 앞으로도 기계로 하기 어려울 것"이라며 "우리 업무가 단순해 보이지만, 선박들이 안전하게 접안해야 선원과 승객이 안전하게 승·하선할 수 있다. 중요한 역할을 한다는 점에서 자부심이 있다"고 말했다.

항운노조가 맡은 작업 중 또 다른 하나는 라싱lashing이다. '고박'이라고 부르기도 한다. 선적된 화물을 고정하지 않으면, 배가 운항하는 과정에서 화물이 움직이게 된다. 이는 화물이 파손될 수 있을 뿐 아니라 선박의 평형에도 영향을 미칠 수 있다. 이 때문에 선박 출항 준비에 있어서 필수 작업 중 하나가 바로 라싱이다.

2018년 11월 26일 오전 10시 인천컨테이너터미널에 있는 Box Endurance호에서는 컨테이너 선적 작업과 함께 이를 고정하는 라싱이 이뤄지고 있었다. 컨테이너 라싱은 철제 기구를 이용해 컨테이너와 선박을 X자 모양으로 연결하는 방식이다. 이날 선박에 실린 컨테이너는 361TEU이며, 모든 컨테이너에 대해 라싱 작업이 진행됐다.

▲ Box Endurance호에 선적된 컨테이너를 선박과 연결하고 있는 인천항운노조원들.

라싱 작업을 진행한 조성덕(56) 씨는 "컨테이너 선박은 정시성이 중요하기 때문에 작업 시간이 빠듯한 경우가 많다"며 "밤낮, 날씨를 가리지 않고 (라싱 작업이) 진행되기 때문에 힘든 부분이 있다"고 했다. 이어 "라싱은 선박 안전에 있어 가장 중요한 측면이기 때문에 급하더라도 가장 안전하고 확실하게 작업을 진행한다"고 강조했다.

이날 라싱 작업에 투입된 항운노조원은 30명. 컨테이너 선적과 라싱 작업이 함께 이뤄지면서 평소보다 2시간가량 더 소요됐다. 일반적으로는 1시간에서 1시간 30분 정도가 소요된다.

컨테이너를 X자 모양으로 라싱 작업하는 것처럼 화물에 따라 작업 방식이 다르다. 자동차의 경우 4개 바퀴를 이용해 줄(벨트 형태)로 선박과 자동차를 연결한다.

화물 선적에 이어 라싱 작업이 완료되면, 줄잡이가 선박과 부두를 연결하는 줄을 풀어 준다. 이날 컨테이너 선적과 라싱을 마친 Box Endurance호도 줄잡이들이 계선주에 연결된 줄을 풀자 출항했다.

인천항 등 전국 항만에서 기계화가 진행되고 있다. 그중에서도 인천 신항과 같은 컨테이너 항만은 자동화·기계화가 빠르게 이뤄지고 있다. 2017년 5월 문을 연 중국 칭다오항은 자동화된 항만이라는 점을 앞세우고 있다. 이곳에서는 사람이 하던 컨테이너 고정 작업을 로봇이 대신하고 있다.

조성덕 씨는 "이 일을 시작한 지 20년이 넘었다. 처음에만 해도 수작업이 많았지만, 점차 기계로 대신하는 것을 경험하고 있다. 앞으로 인천항도 자동화 항만이 될 수 있을 것"이라고 했다.

하역원과 포맨

거대한 배 들썩이게 하는 '부둣가의 오케스트라'

인천항 내항 부두. 한국지엠의 신차들이 부둣가 바람을 뚫고 파나마 선적船籍의 '메디터레이니언 하이웨이Mediterranean Highway'호로 줄지어 오르고 있었다. 작업자들은 차량 전후 30㎝, 차량 좌우 10㎝의 빽빽한 간격으로 차를 손상 없이 실어야 한다. 그만큼 전문성이 필요하다. 시간당 60~80대 정도를 실을 수 있는데, 배가 출항하는 시간에 맞춰야 한다. 작업 속도도 매우 중요하다. 정확한 수량을 파악하는 일 역시 이들의 몫이다. 배에서 먼저 내릴 차량을 가장 나중에 싣는 등 선적 순서도 신경 써야 한다. 이 배의 경우 총 15개 층으로 돼 있는데, 선적 순서가 뒤바뀌면 목적지에서 차량을 내리는 시간이 더 걸린다. 차량을 직접 운전해 선내에 싣는 '드라이버', 실린 차를 정밀하게 주차하는 '키커', 키커가 정확한 위치에 차를 댈 수 있도록 돕는 '신호수' 등 하역원과 이들을 총괄 지휘·감독하는 '포맨' 간 호흡이 잘 맞아야 한다.

이들은 배의 크기에 따라 십 수명씩 조를 이뤄 움직인다. 이번 선적 작업엔 80여 명의 인력이 6개 조로 구성돼 투입됐다. 하역원들을 오케스트라의 연주자라고 하면, 포맨은 지휘자라는 말이 있다고 한다. 이들이 한 몸처럼 일사불란하게 움직여야 문제없이 작업을 마칠 수 있다는 의미다.

 작업 현장에서 만난 포맨 송한섭(60) 감독은 "제품 손상 없이 계획된 물량을 무사히 소화할 수 있도록 항상 최선을 다하고 있다"고 했다. 지난 40여 년간 하역원과 포맨 등 하역업계에서 일한 그는 "조금만 일하겠다는 생각으로 들어왔는데, 결혼하고 자식 낳고 살다 보니 벌써 40년이 됐다"며 "여름엔 덥고, 겨울엔 추운 일이지만, 가족적인 분위기 속에서 열심히 하고 있다"고 했다. 송한섭 감독을 비롯한 하

▼ 메디터레이니언 하이웨이호로 줄지어 오르고 있는 한국지엠 신차들과 포맨 송한섭 감독.

🔺 인천항 내항 부두에서 하역원들이 한국지엠의 신차를 메디터레이니언 하이웨이호에 선적하고 있다. 선적하는 차량마다 바코드를 찍어 확인하는 모습.

역원들의 이번 작업은 밤늦은 시각까지 이어졌다.

하역원은 부두에 있는 선박에 원료 등 각종 제품을 싣거나 내리는 일을 하는 사람을 통칭한다. 항운노조가 하는 일 가운데 빼놓을 수 없는 부분이기도 하다.

삼국시대부터 고려와 조선시대까지 납세는 양곡 같은 물건으로 이뤄지는 경우가 많았다. 이런 양곡은 주로 배로 운송됐는데, 이때 양곡을 배에 싣거나 내리는 일을 했던 '조군漕軍'이라는 하역 인부가 오늘날 하역원의 시초격으로 평가된다. 임금을 목적으로 노동을 제공해 생계를 유지한다는 점에서 지금과 비슷한 측면이 많다.

1883년 인천항 개항 후 물동량이 증가하면서 하역원을 포함한 부두 노동자들이 늘어났다. 항만설비 확충으로 하역기업들이 생겨나기 시작했고, 부두 노동자들도 하역산업의 전문 노동자로 변모했다. 일제강점기 노동력 착취와 한국전쟁의 어려움을 거친 하역업계는 1960년대 접어들면서 경제적인 상태가 개선되기 시작했다. 인천항의 물동량 증가가 주된 요인이었다. 관련 통계에 따르면 1962년 130만 8천828t을 기록한 인천항의 화물 하역 실적은 1972년 949만 5천105t으로 7배 이상 늘어났고 1973년엔 1천509만 2천830t으로 더욱 늘었다. 경제개발 추진에 따른 생산 규모 대량화와 유통 물량 팽창이 원자재와 생산품의 수출입 확대로 이어졌다.

이후 항만에 모습을 드러낸 '기계'는 하역원들을 위축시키는 원인이 됐다. 지게차와 크레인이 대량 도입돼 무거운 화물을 내리는 일에 투입(1966년)됐고, 고철 작업 등을 하는 마그넷(자석)도 사용되기 시작(1968년)했다. 인천항 양곡 전용부두엔 진공 흡입식 사일로silo가 설치

(1974년)됐다.

수송과 하역에 혁명적인 변화를 불러온 컨테이너는 1960년대 중후반 인천항에 모습을 나타냈다. 대한통운이 1970년 3월부터 인천항에 컨테이너선을 월 2회 정기 취항하기로 하는 등 컨테이너 운송을 본격화했다. 당시 인천항엔 1천여 명의 항만 노무자들이 있었다고 한다. 이들이 포함된 노동조합은 진정서를 내고 대량실업 방지 대책 마련 등을 요구하기도 했다. 1980~1990년대 산업화에 힘입어 인천항은 국내 주요 항만으로 성장했고 하역원을 비롯한 하역업계는 항운노조 상용화 개편(2007년), 내항 TOC(부두운영사) 통합(2018년) 등 변화를 거치며 인천항에서의 삶을 이어왔다.

인천항 내항에서 만난 경력 25년의 포맨 김종현(60) 감독은 "불철주야 주어진 작업을 성실히 하고 있지만, 컨테이너가 아닌 벌크화물 물동량 규모가 줄어들고 있어 걱정"이라고 했다. 그의 말 속에선 위기감을 느낄 수 있었다. 인천항 내항의 2017년 기준 벌크(비컨테이너) 물동량은 2천353만 3천 t을 기록했다. 10년 전인 2007년 4천250만 t에 비해 절반 가깝게 줄어든 것이다. 수년째 내리막이다. 벌크 화물이 '진보된 컨테이너'로 흡수되는 경우가 많아지면서 이런 상황이 나타나고 있다. 평택항, 군산항 등 인접 항만과의 벌크 물동량 유치 경쟁도 심화되고 있다. 내항을 포함한 인천항 전체 벌크 물동량은 최근 몇 년째 1억 1천여 t 수준에서 정체돼 있다. 2017년 300만 TEU를 돌파하는 등 매년 증가세를 보이는 인천항 컨테이너 물동량과 대비된다.

김종현 감독은 "펄프 같은 경우 대부분 인천에서 처리돼 지방으

🔺 바이킹 어드벤처호에 실릴 중고차들과 포맨 김종현 감독.

로 갔는데 지금은 대부분 평택이나 군산항으로 빠졌고, 벌크로 들어오던 납이나 알루미늄괴塊, 원목 등은 요새 컨테이너로도 많이 들어와 내항 물동량이 줄어드는 상황"이라고 했다. 그는 "인천항 하역과 관계되는 일을 하면서 먹고 사는 사람들이 아직도 몇천 명은 될 것"이라며 "(관계 기관들은) 인천항의 (비컨테이너) 물동량 확보를 위해 더욱 노력해야 한다"고 했다.

송한섭 감독은 "우리 손을 거친 제품들이 북중미든, 동남아든 해외 여러 나라에 대한민국을 알린다는 자부심으로 지금껏 일해왔다"며 "더욱 안전에 신경 쓰고 '하역만큼은 인천항이 최고'라는 소리를 들을 수 있도록 더욱 노력할 것"이라고 했다.

관세국경 수호자 **세관 검색팀**

물 위의 은밀한 거래
"항상 우리가 보고 있다"

　국경을 오가는 물품에 관세를 매기는 곳, 바로 세관稅關이다. 명칭에 있는 '세稅'자 때문에 세금을 걷는 일만 하는 것으로 생각하면 안 된다. 무역 규모가 커지고 관세의 비중은 낮아지면서 각 나라의 세관은 마약, 무기, 밀수로부터 국민의 삶을 보호하는 일에 힘을 쏟고 있다. 경인항부터 영흥항까지 바다의 관문을 지키는 인천본부세관(이하 인천세관)은 인천 그리고 대한민국을 지키는 파수꾼 역할을 하고 있다.

　2018년 1월 31일 오전 9시경 인천항 제1국제여객부두. 중국에서 온 카페리(화객선)가 인천항에 들어오자 인천세관 인천항감시과 강정수(49) 계장(검색팀장)과 직원 8명은 선박 불시점검을 위한 출동 채비에 나섰다. 이 카페리는 2016년 12월 세관이 적발한 '개항 이래 최대 국제 금괴밀수(423㎏, 200억 원 규모) 사건'

▲ 2016년 '423㎏ 금괴밀수 사건'에 사용된 밀수 조끼.

▲ 인천본부세관 인천항감시과 강정수 계장과 직원들이 인천항 제1국제여객터미널 부두에 정박한 중국발 카페리(화객선)에 승선해 불시점검을 하고 있다.

과 관련된 선박이다. 중국 단둥을 오가는 이 선박에서 일하던 조리사는 개인 선실에 금괴를 숨겨 수차례 빼돌렸다가 끝내 붙잡혔다. '우범선'으로 분류된 이 선박은 이날 인천세관의 불시점검 대상이 됐다.

선박에 들어서자 강 계장은 선원이 머무는 선실을 찾아 문을 열었다. 긴 항해를 마치고 잠을 청하는 선원이 많다 보니 양해를 구하고 점검을 시작했다. 심하게 벌어진 벽 사이 틈, 열리지 않는 서랍, 유난히 깨끗한 환풍기, 풀려 있는 볼트. 조금이라도 수상한 것엔 강 계장의 손이 닿았다. 그렇게 5~6개 선실을 확인한 강 계장은 식당, 창고, 여객실을 차례로 살폈다. 강 계장은 천장과 벽을 손으로 계속 두드렸다. 소리가 다르면 무언가 숨겨 놓았을 가능성이 높은 탓이다. 기관장이 있는 기관실도 점검을 피할 수 없었다. 강 계장은 손전등을 들고 기름 냄새와 모터 소리가 꽉 찬 깜깜한 기관실을 샅샅이 점검했다. 총톤수 1만 6천여 t 선박 점검은 1시간 30분이 지나서야 마무리됐다.

강 계장은 "선박 규모가 큰 만큼 구조를 아는 게 가장 중요하다"며 "마약, 밀수, 테러 등 우려가 있어 혹시 비밀 창고가 있는지 보고 있다"고 말했다.

감시과 직원들은 하루 인천을 통해 입·출항하는 60여 척의 선박 중 2~3대를 선별해 이같이 불시점검을 벌인다. 선박 검사 후엔 해상 순찰도 나선다. 강 계장은 지난 20여 년간 인천세관에서 해상 감시정을 운항한 정장이기도 하다. 감시정은 다른 배와 바짝 붙어 있거나 방수팩으로 꽁꽁 묶은 물품을 해상에 띄우는 등 '수상한' 배가 있는지 감시한다.

🔺 인천본부세관 감시정 남궁억호.

이날 오전 11시께 탄 감시정은 '남궁억호'다. 1883년 6월 16일 인천해관(세관의 중국식 이름, 1907년 세관으로 개정) 개관 이후 이듬해 문을 연 '경성총해관'의 직원이자 독립운동가 한서瀚西 남궁억의 이름을 땄다. 인천해관에서 근무한 최초 조선인은 남궁억의 '동문학' 동기인 홍우관이다. 동문학은 우리나라 최초의 영어학교로, 남궁억과 홍우관은 이곳에서 1년간 영어를 배운 후 해관에서 근무했다. 감시정은 남궁억호 외에 무선통신시설을 갖춘 우리나라 최초 군함의 이름을 딴 '광제호'*, 인천의 옛 지명을 딴 '미추홀호' 등 모두 3대다.

강 계장은 "단속 일을 하다 보면 선원들과 다투기도 하고 민원이

* 우리나라 최초의 근대식 군함은 '양무호'이지만, 무선통신시설은 두 번째 군함인 '광제호'부터 설치됐다.

심하게 들어오는 일이 부지기수다. 그러나 항상 우리가 보고 있으니 조심하라는 인식을 주고 범죄를 예방하는 게 우리의 목적"이라고 말했다.

인천세관이 이렇게 감시 태세를 놓지 않는 이유는 뭘까. 강화도, 태안, 수원까지 상권을 형성했던 인천항은 1911년까지 한국 무역의 50% 이상이 이뤄진 항구였다. 서울과 가까워 현재까지도 외국 상인들에게 중요하게 여겨지고 있다.

세관의 역사를 보면 인천항은 개항 후 해방 전까지는 열강의 각축전으로, 해방 후엔 밀수로 몸살을 앓았다. 강화도조약으로 인천의 문을 연 일본은 무관세 무역을 강요했다. 우리 정부는 이에 맞서 1878년 부산 인근에 두모진해관을 설립해 수세를 하려 했지만 일본의 거센 항의로 3개월 만에 폐쇄됐다. 정부는 뒤늦게 총세무사에 독일인 묄렌도르프Paul George von Mollendorff, 인천해관장에 영국인 스트리플링A.B. Stripling을 고용하고 1883년 인천해관을 세워 처음 관세 징수 업무를 시작했다. 우리나라 최초의 일이었다.

그러나 관세 자주권을 잡으려 했던 우리 정부의 의도와 달리 해관은 오랜 기간 외세에 휘둘렸다. 청국 정부는 자국 상인에게 혜택을 주지 않는다는 이유로 우리 정부를 압박해 2년여 만에 묄렌도르프를 끌어내리고 자신의 입맛에 맞는 미국인 메릴Henry F. Meril을 총세무사 자리에 앉혔다. 해관에 고용됐던 서양인의 월급은 청국에서 지급했는데, 이는 해관을 실질적으로 지배하려는 조치였다. 1896년에는 세력이 강해진 러시아가 영국인 총세무사를 해임하게 하고 러시아인을 부임케 했다가 영국의 강력한 반발로 1년 만에 다시 영국인 총세무사가 부임하는 일도 있었다.

1907년에는 일본이 세관관제개정을 공포해, 중국식 명칭인 인천해관을 인천세관으로 바꾸고 세관의 실효적 지배를 시작했다. 인천세관은 개관 64년 만인 1947년에야 비로소 한국인 세관장(김준덕)을 맞았다.

무역선이 많아지면서 밀수도 점점 늘어났다. 밀수된 물품들은 동인천 양키시장, 신포동 의류가게, 부평 기지촌 등지에서 불티나게 팔리며 상권을 형성했다. 1960년대 인천항은 다이아몬드, 진주, 시계, TV 등 사치품 밀수가 극심했다. 특히 미국과 일본에서 밀수돼 온 냉장고, 카메라 등 가전제품은 우리 산업에 큰 타격을 주었다. 정부는 밀수를 폭력, 탈세, 마약과 함께 '사회 4대 악惡'으로 규정하기에 이르렀다. 1961년 6월 '특수범죄처벌에관한특별법'을 제정해 밀수하는 자를 최고 사형에 처할 수 있도록 했는데, 이는 세관 직원에도 적용됐다. 1962년 2월 1일자 《경향신문》은 시계 '에니카' 340개를 밀수하려 한 선원을 부정 통관시켜 주려 했던 세관 직원 2명에게 사형을 선고했다고 보도했다. 밀수를 시도한 선원이 징역 15년을 선고받은 것

▲ 1970년대 인천세관 직원이 몰수품을 폐기하고 있는 모습(좌)과 1980년대 인천 중구 신포동 상가 인근에 붙은 밀수 단속 현수막(우). /인천본부세관 제공

에 비해 훨씬 큰 처벌이었다.

경제성장 정책이 가시적인 성과를 내던 1970년대 말은 건강 보조 식품과 마약 밀수가 활개를 쳤다. 이 시기 인천세관에서 근무한 이염휘(72) 한국관세협회 인천지부장이 실제로 적발했던 '파나마 국적 외항선 중국 선원 밀수 사건'을 보면 잘 알 수 있다. 1979년 12월 28일 《경기신문》(현 경인일보) 보도를 보면, 파나마 국적 외항선 중국 선원 24명이 수차례에 걸쳐 인천항으로 우황청심환, 해구환, 녹용 등 10억 원어치를 밀수해 구속됐다. 이 지부장은 "중국 선원들은 비밀 창고 2개에 밀수품을 숨겨왔는데 대부분이 가짜였다"며 "그땐 외국 물품이라고 하면 수십 배의 웃돈이 붙어도 불티나게 팔렸다"고 말했다.

1980~1990년대는 참깨, 고추, 바나나, 오렌지 등 농산물 밀수가 많았다. 농산물은 100% 이상 관세가 붙었는데, 수출용 원재료를 수입하는 것은 관세가 붙지 않았다. 이를테면 업자들은 바나나 잼을 만든다며 바나나를 수입한 후, 반은 그냥 팔고 잼에는 향료를 넣어 수출하는 '합법적' 밀수를 벌였다. 1992년 중국 카페리가 활성화된 후에는 중국 보따리상의 밀수입이 활개를 치기 시작했으며, 동남아시아 어선과 컨테이너 화물을 통한 마약·짝퉁 밀수입도 끊이지 않고 있다. 밀수 규모는 1965년 7천여만 원에서 2013년 8천억 원대까지 커졌다.

이 지부장은 "지금이야 첨단 장비로 조사하지만 옛날 직원들은 직감과 제보에 의지해 오로지 맨몸으로 밀수꾼을 잡아들였다"며 "어지러웠던 시절 세관 직원은 경제와 안보를 지키는 최전방에 있었다"고 회상했다.

🔺 선박 불시점검에 앞서 철두철미한 점검을 다짐하고 있는 인천본부세관 인천항감시과 직원들.

　미국은 9·11테러 이후 세관을 국토안보부 산하에 두고 CBP(Customs and Border Protection)로 명칭을 바꿨다. 영국, 호주 등의 국가에서도 세관 이름에는 '보더Border(국경)'가 들어간다. 세관의 국경 보안 업무는 이미 세계적 추세다. 인천항 입항 외항선 8천여 척, 세수 20조 원대. 135년 역사의 인천세관은 이제 바다 국경뿐만 아니라 하늘 국경에서 오는 위험으로부터 우리의 삶을 지키고 있다.

　인천해관·세관의 역사를 연구한 '자타 공인' 세관사 전문가 김성수(53) 울산세관 감시과장은 '세관의 역사를 왜 연구하느냐'는 질문에 "세관이 근대사 발전과 우리 삶의 안전을 지키는 데 많은 기여를 했다는 것을 남기고 싶다"고 답했다.

건강안보 최전선 지키는 **검역관**

치명적인 메르스·에볼라·사스 등 감염병 병원체 밀항자들 '물 샐 틈 없는 감시'

치사율은 높지만 치료법은 알려지지 않아 사회적인 공포감을 확산시켰던 메르스(중동호흡기증후군). 2015년, 메르스가 인천항을 통해 유입되는 것을 막기 위해 국립인천검역소 검역관들은 잠시도 쉴 틈이 없었다. 2014년 서아프리카 지역에서 에볼라 바이러스가 창궐했을 때도, 앞서 사스(중증급성호흡기증후군), 신종인플루엔자A(H1N1) 등 감염병이 해외에서 유행할 때도 마찬가지였다. 감염병 국내 유입 차단의 최전선엔 항상 보건복지부 질병관리본부 국립인천검역소가 있었다.

2018년 1월 22일 오후 2시 인천항 제1국제여객터미널 보안구역 내 검역대. 마스크를 착용한 국립인천검역소 검역관들의 시선은 중국 산둥성 스다오石島에서 온 '화둥 펄 8호' 승객들의 열 상태를 체크하는 모니터에 고정돼 있었다. 이 모니터는 열 감지 카메라와 연결돼 있는데, 체온이 37.5℃ 이상인 승객이 지나가면 경고음을 내도록 설계돼 있다. 경고음이 울린 승객은 체온계로 다시 한 번 몸의 열 상태

▲ 인천항 제1국제여객터미널 입국장 보안구역 내 검역대에서 국립인천검역소 검역관들이 중국 산둥성 스다오(石島)에서 온 국제여객선 화둥 펄 8호 승객들의 발열 상태를 체크하고 있다.

를 확인하고, 이상이 있는 것으로 판정되면 격리 조치 후 역학 검사 등을 보게 된다.

이 배의 검역을 맡은 신동혁(53) 검역관은 "감염병에 걸리면 가장 먼저 나타나는 증상이 발열"이라며 "입국자들의 열 상태를 확인하는 일은 검역의 가장 기본적인 일 중 하나"라고 했다.

이 배가 출발한 중국은 검역감염병 오염지역으로 분류돼 있다. AI(조류 인플루엔자) 바이러스의 국내 유입이 가능한 만큼, 철저한 검역이 필요하다. 2018년 1월 1일 기준으로 가나 등 아프리카 34개국, 중국 등 아시아·중동 11개국, 가이아나 등 아메리카 14개국이 검역감염병 오염지역으로 지정돼 있다. 콜레라와 페스트, 황열, 메르스 등 감염병의 국내 유입을 차단하는 게 검역소의 주된 역할이다.

검역관들은 승객들이 내리기 전 직접 배에 올라 여객선의 위생 상태를 확인한다. 검역관들의 확인이 없으면 화둥 펄 8호 승객들은 배에서 내릴 수 없다.

승선한 검역관들은 '선박보건상태신고서'와 선내 의사로부터 의약품 처방전 기록, 승객건강확인서 등을 확인하는 절차를 거친다. 화장실과 주방 등에서 감염병 여부를 확인하기 위한 검체를 채취하는 것도 승선 검역에서 빼놓을 수 없는 일이다. 사망자 확인 등 10여 가지 항목에 대한 점검도 필수다. 3만 5

▼ 검역관이 선박보건상태신고서와 의약품 처방전 기록, 승객건강확인서 등을 확인하고 화장실, 주방에서 검체를 채취하고 있다.

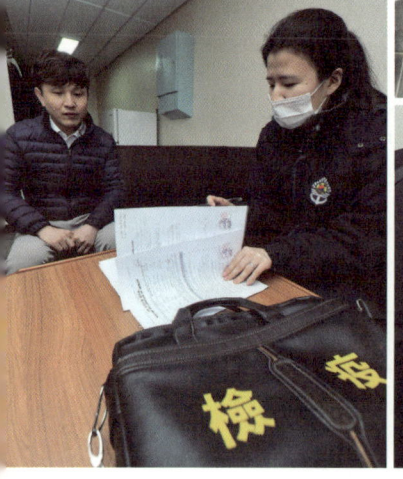

천 t급의 화둥 펄 8호와 여기서 내린 승객과 선원 418명의 검역을 마치는 데 1시간여의 시간이 빠르게 지나갔다.

검역 현장에 함께 있던 정유진 검역관은 "인천검역소에선 하루에 보통 10여 척의 여객선과 화물선을 상대로 검역 활동을 한다"며 "연일 계속되는 검역에 피곤하기도 하고 감염병 위험에 노출돼 있는 것도 부담이지만, 감염병 유입을 막는다는 사명감으로 근무하고 있다"고 했다.

검역은 감염병이나 해충 등이 국내에 들어오는 것을 막기 위해 항만과 공항에서 선박·항공기 등 운송수단과 여객 및 화물 등을 검사, 소독, 조사하는 업무를 의미한다. '해외 감염병의 국내 유입 차단'으로 요약할 수 있다. 검역소에선 여객선과 화물선 등 사람과 화물을 대상으로 검역을 진행한다. 동물과 식물은 농림축산검역본부에서 담당한다.

검역의 역사는 지금으로부터 670여 년 전으로 거슬러 올라간다. 1340년 이탈리아의 한 항구에서 근무하는 직원은 프랑스 배에서 내리려는 선장과 선원을 막아섰다. 당시는 유럽에서 전염성이 강하고 사망률도 높은 흑사병이 유행하던 시절이다. 승객과 선원 중 흑사병에 걸린 사람이 있을지 모르니 40일 동안 배에 머무르다 아무 일이 없으면 그때 내리라는 것이 이 직원의 설명이었다. '해외 감염병의 국내 유입 차단'을 위한 그의 조치는 '검역'의 시작이 됐다.

우리나라에서 근대적 개념의 국제검역이 시작된 것은 개항 이후인 1885년 무렵이었다는 게 전문가들 견해다. 당시 콜레라가 유행하자 정부가 각 개항지에 관리를 파견해 검역을 시작했다는 것이다.

「온역장정瘟疫章程」은 감염병 유행지에서 온 선박을 정박시키고 승객과 승무원을 검사한다는 등의 내용을 담은 국내 최초의 검역 지침이었다.

신동원 전북대 과학학과 교수는 "「온역장정」은 근대적 개념의 검역 관련 내용을 담은 최초의 외교문서라고 할 수 있다"며 "우리나라 최초 서양식 병원인 제중원의 1대 원장을 맡았던 호러스 뉴턴 앨런 Horace Newton Allen이 당시 검역에서 중요한 역할을 했다"고 말했다. 이어 "검역 대상에서 빠지려는 각국의 힘겨루기가 진행되기도 했다"고 덧붙였다.

당시 각국 공사관들은 외교적, 상업적 이해와 충돌할 수 있는 온역장정을 둘러싸고 조선 정부와 대립했다. 결국, 조선 정부는 외국 병선兵船은 검역 대상에서 제외하는 조치를 취했다. 병선을 일종의 치외법권 대상으로 인정한 것이다.

인천항은 중국, 일본과의 문물 교류가 왕성했다. 이 때문에 중국과 일본에서 감염병이 발생하거나 유행할 경우, 검역은 더욱 엄격해졌다. 1921년 10월 20일자 《동아일보》는 '인천에서도 검역'이라는 제하 기사에서 경기도 위생계가 만일을 염려해 장기長崎(나가사키), 하관下關(시모노세키) 등지에서 직접 인천항에 들어오는 선박에 대해 일제히 검역을 실시하도록 인천항 검역소에 통보했다고 보도했다. 당시 일본 나가사키에서 부산으로 온 선원 가운데 괴질 보균자가 발견돼 인천에서도 이 일대에서 온 선박의 검역을 강화하라는 내용이다. 일본 후쿠오카에선 괴질(1922년)이 발생했고, 중국 산둥성은 천연두(1925년), 상하이에선 콜레라(1926년) 등이 유행했다. 인천 검역 당국은 늘

긴장해야 했다.

인천은 1943년 세관이 관장하던 검역 업무가 해운항만청 부두과로 이관되면서 검역 업무가 본격화됐고, 해방 후인 1946년 미군정청 보건후생부 소속으로 검역 업무가 이관되는 과정에서 인천해양검역소가 발족했다고 국립인천검역소는 설명했다.

인천항은 해방 후 일제에 끌려갔다 귀국하는 전재동포들의 주요 귀환 지점이었고, 외국 무역선이 활발하게 화물을 실어 나르는 항만이었다. 이 과정에서 검역은 필수였다. 1949년 중국 내전으로 중국 피란민들이 인천항에 입항할 때도, 검역을 거쳐야 했다. 송승석 인천대 중국학술원 부원장은 "산둥성 등에서 내전을 잠시 피하자는 생각으로 인천에 들어왔다가 한국전쟁 발발로 중국으로 돌아가지 못하고 인천에 머물게 된 경우가 많았다"고 했다.

북한에 피랍됐다 귀환하는 어민들도 예외는 없었다. 1981년 납북됐다가 강제 억류 244일 만에 인천항으로 돌아올 수 있었던 제2태창호 선원 17명, 1984년 북한적십자회가 인천항으로 보내온 쌀 등 각종 수재물자에 대해서도 검역은 이뤄졌다.

국립인천검역소는 현재 인천항뿐만 아니라 평택항과 청주국제공항의 검역 업무까지 맡고 있다. 국립인천검역소 관계자는 "검역은 국민의 건강 안보와 직결된다고 볼 수 있다"며 "감염병의 국내 유입을 막기 위해 더욱 최선을 다할 것"이라고 했다.

선박 안전 길잡이 **도선사**

집처럼 편안하게 이끄는
인천항의 에스코트

　수십만 t 규모의 선박이 그들의 손끝에서 움직인다. 승객 수천 명과 화물 수십만 t의 안전이 그들 손에 달렸다. 배가 입출항하는 데 반드시 필요한 존재인 그들은 '도선사導船士·pilot'다. 도선사는 항구에서 선박 입출항을 도와주는 '선박의 안전 길잡이'다.

　우리나라 항구에 입항하는 500t 이상 외항선은 반드시 도선사가 탑승해야 한다. 우리나라뿐만 아니라 외국 주요 항구도 도선법에 따라 외항선에는 반드시 도선사가 탑승하도록 규정하고 있다.

　도선사의 역사는 기원전 1천 년까지 거슬러 올라가 고대 페니키아(현재 레바논 부근)의 '다니아'라는 항구에서 도선 서비스가 존재했다고 전해진다.

　우리나라 최초 도선 기록은 일본 교토의 승려가 쓴 『입당구법순례행기入唐求法巡禮行記』라는 책에 기록돼 있다. 이 책에는 신라의 '유당사선'이 한반도 남해안을 통과할 때, 도선사가 승선했다고 기록돼 있다. 조선 시대 편찬된 『경국대전』에는 조운漕運(현물로 거둔 조세를 선박으로 운반하는 일)의 경우 선박마다 도선에 능한 사람 2~3명을 승선시켜 지휘하게 하라는 규정이 있었다. 일제강점기에는 우리나라 최초의 근대식 도선 서비스가 시작됐는데, 1915년 인천항에서다.

여러 사람과 화물의 안전을 책임지는 직업이다 보니 도선사가 되기 위해서는 까다로운 절차를 통과해야 한다. 도선사가 되려면 6천 t 이상 선박에서 일정기간 선장으로 일한 경력이 있어야 하며, 해양수산부가 주관하는 도선사 시험에 합격하고도 6개월간 실무수습을 받아야 한다. 대학을 졸업하고, 20여 년 동안 외항선에서 근무한 옥덕용(67) 도선사도 이 같은 절차를 거쳐 도선사가 됐다.

23년 경력 베테랑, 옥덕용 도선사

2018년 6월 15일 오후 인천 중구 역무선 부두에서 옥덕용 도선사를 만났다. 1993년 도선사 생활을 시작한 그는 경력 23년의 베테랑 도선사다. 이날 옥 도선사가 인천항에 입항시킬 선박은 중국 롄윈강 連雲港에서 출발해 인천항 제2국제여객터미널에 도착하는 카페리선 '하모니 원강 和諧雲港'호다. 이 배는 길이 196m, 너비 28.6m인 대형 카페리선이다. 인천 내항에 위치한 제2국제여객터미널은 갑문을 통해서만 입항할 수 있기 때문에 도선 난도가 높다.

옥 도선사를 실은 도선선Pilot boat이 역무선 부두에서 30분 정도 달려 팔미도 인근 해상에 도착하자 하모니 원강호가 보였다. 인천 내항이나 북항, 남항에 입항하는 선박은 팔미도에서 도선사가 탑승해야 한다. 도선선이 도착하자 하모니 원강호 승무원들이 도선사 출입

▲ 카페리선 하모니 원강호에 승선한 옥덕용 도선사와 류치앙강 선장이 인천항 갑문까지의 항로를 확인하고 있다.

구를 열어줬다.

  도선사는 운항 중인 배에 탑승해야 하므로 승객들이 배에 오르는 시설을 이용하지 못한다. 하모니 원강호처럼 별도 출입문을 이용하거나 줄사다리를 타고 10여 m를 올라가야 한다. 옥 도선사는 "선박에 오르는 순간은 늘 긴장된다"며 "별도의 안전장치가 없어 갑자기 파도가 치거나 바람이 심하게 불면 위험해질 수 있다"고 말했다. 이어 그는 "그나마 카페리선은 승선 입구가 낮아 다행이지만, 초대형 유조선이나 컨테이너선은 줄사다리 하나에 의지해 한참을 올라가야 한다"고 덧붙였다.

  배에 탑승하자마자 그는 승무원들과 함께 카페리선 맨 위 선교(브리지)에 위치한 조종실(휠하우스)로 향했다. 이곳에서 만난 류치앙강

(55) 선장은 "옥 도선사는 경력이 많아서 아주 능숙하다. 이미 여러 번 우리 배를 도선해 믿음이 간다"고 말했다.

"인천항 VTS(해상교통관제센터) 여기는 하모니 원강호입니다. 15시 5분 도선사 승선했습니다."

옥 도선사는 조종실에 들어서자마자 인천항 VTS에 승선을 보고한 뒤, 본격적인 도선을 시작했다. 선박 정보를 확인한 옥 도선사는 배의 방향과 속도를 선원들에게 지시한다.

옥 도선사는 "예전에는 해도(海圖)를 보고 방향을 정했기 때문에 월미산 등 특정 장소가 보이면 방향을 수정했다. 그러나 요즘에는 레이더 등 선박 주행 설비가 잘 갖춰져 있어 쉽게 방향을 잡을 수 있다"고 했다. 인천항은 도선이 매우 까다로운 항만으로 유명하다. 항로가 길고, 조류가 빠른 데다 안개가 자주 발생하기 때문이다. 그는 "오늘은 날씨가 맑아 가시거리가 길고, 파도가 거의 없어 다행"이라고 설명했다.

20분 정도 운항하자 인천항 갑문이 눈에 들어왔다. 베테랑인 옥 도선사도 긴장한 표정이 역력했다. 조수 간만의 차와 상관없이 하역작업이 진행될 수 있도록 만든 36m 너비의 갑문은 최대 난코스에 해당한다. 갑문이 가까워지자 카페리선을 도와줄 예인선 '뉴캐슬'호가 선미(배 뒷부분)에 붙었다. 방향 전환이 쉽지 않은 카페리선은 예인선의 도움을 받아야 갑문을 통과할 수 있다. 옥 도선사가 조종실 오른쪽 끝 창문으로 이동했다.

"뉴캐슬 밀 준비. 밀어. 뉴캐슬 슬로우. 좋아요. 일자로 계속 가고 있어요."

배가 일자로 갑문에 진입하지 않으면 갑문 콘크리트 벽에 부딪힐 수 있다는 게 옥 도선사 설명이다. 이 때문에 도선사 지시에 맞춰 선장과 승무원, 예선이 모두 힘을 합쳐야 갑문을 통과할 수 있다고 한다. 그는 "갑문 폭이 워낙 좁아 멀리서는 좌우 폭을 제대로 판단하기 어렵다"며 "1m만 차이가 나도 갑문에 충돌할 수 있기 때문에 최대한 가까운 곳에서 확인해야 한다"고 강조했다.

최대 고비인 갑문을 무사히 통과했다. 하지만 배를 접안하기 위해서는 또 다른 관문이 남아 있다. 인천 내항은 다른 항만보다 부두가 좁고, 계류 중인 선박도 많아 갑문 통과 후에도 긴장을 늦출 수 없다. 옥 도선사는 선박 좌우를 부지런히 오가며 양옆에 있는 자동차 운반선과 화물선과의 거리를 확인했다. 승선한 지 2시간여 만에 하모니 원강호는 내항 4부두에 안착했다. 옥 도선사는 "그동안 셀 수 없이 많은 배를 도선했지만 작업을 마무리하고 나면 안도감과 홀가분함이 온몸을 감싼다"고 말했다.

40여 년 동안 배를 탄 옥 도선사는 인천항 도선사 43명 가운데 최고참이다.

그는 "항해사부터 선장까지 단계적으로 배를 타면서 현재 위치(도선사)에 이르렀다는 것, 항만시설 안전과 선박 운항 효율에 이바지했다는 것에 자부심을 느낀다"고 했다.

▲ 옥덕용 도선사.

🔺 길이 196m, 너비 28.6m인 대형 카페리선 하모니 원강호가 36m 너비의 갑문을 아슬아슬하게 통과하고 있다(아래). 옥덕용 도선사가 하모니 원강호를 내항 부두에 안착하기 위해 무선으로 예선에 지시를 하고 있다(위).

우리나라 첫 국가 공인 도선사 배순태 회장

2018년 5월 부산 영도구 태종대공원에 있는 해기사 명예의 전당에서 '올해의 해기사'로 선정된 배순태(1925~2017) ㈜흥해 전 회장의 명예의 전당 헌정식이 열렸다. 그는 우리나라 1호 국가 공인 도선사다. 배순태 회장보다 앞서 도선사로 임명된 사람들은 있었지만, 국가고시로 도선사 면허를 딴 사람은 그가 처음이다.

▲ 배순태 ㈜흥해 전 회장.

우리나라에서 도선사 국가시험이 처음 시행된 것은 1958년이다. 법에는 도선사 선발을 위한 시험 제도가 있었지만, 시험을 보지 않고 당국에서 마음에 드는 사람을 도선사로 임명하는 일이 빈번했다고 한다. 해당 도선구에 이미 도선사가 있는 경우에는 정부에서 도선사 증원을 허락해주지 않았다.

배순태 회장은 자서전 『난 지금도 북극항해를 꿈꾼다』에서 "나는 법에 나와 있는 대로 정상적으로 시험을 보게 해달라고 당국에 탄원을 했고, 이런 나의 사정을 전해 들은 한국해양대학 학장을 지낸 신성모(1891~1960, 전 국방부 장관) 씨가 정부에 도선사 시험을 시행해 줄 것을 주문해 나에게도 시험을 볼 길이 열렸다"고 당시를 회상했다.

우리나라 첫 국가 공인 도선사인 그는 유난히 '최초'라는 기록이 많다. 선장으로 근무할 당시 우리나라 최초로 세계 일주에 성공했으며, 1974년 완공된 인천항 갑문에 처음 배를 통과시킨 선장으로도 기록돼 있다. 평택항 액화천연가스(LNG) 부두에 9만 t 급 LNG 선박을 처음 접안시킨 것도 배순태 회장이다. 도선사 출신인 이귀복 인천항발전협의회 회장은 '선구자 같은 사람'이라고 배 회장을 설명했다. 그는 "모두가 주저하는 상황이 되면 자신이 책임을 지고 앞장섰던 사람"이라며 "그래서 우리나라 최초로 도선을 성공한 기록도 많이 갖고 있다"고 평했다.

배순태 회장의 성격은 인천항 갑문에 최초로 선박을 입항할 때 일화로도 잘 드러난다. 당시 인천항 갑문에 선박을 통과시킬 도선사를 찾는 데 애를 먹었다고 한다. 처음으로 갑문에 배를 입항시킨 도선사라는 타이틀은 매우 영광스럽지만, 사고가 발생하면 그 책임을 도선사가 져야 하기 때문이다. 특히, 박정희 당시 대통령도 행사에 참석하겠다고 밝히면서 일본이나 다른 나라에서 도선사를 데려와 도선을 시키자는 의견도 나왔다고 한다.

그때 도선을 하겠다고 나선 사람이 바로 배순태 회장이다. 당시 그는 "우리나라 사람도 충분히 할 수 있는 일인데 왜 다른 나라 사람을 데려오려 하느냐. 국가적으로 창피한 일"이라고 말하며 본인이 직접 도선에 나섰다고 한다.

배순태 회장과 10년 동안 한 회사에서 근무한 ㈜홍해 박관복(63) 전무는 "다른 사람들은 여러 핑계를 대며 부담스러운 일을 맡지 않으려고 했는데, 본인이 직접 책임을 지겠다고 한 것"이라며 "인천항과 나라를 생각하는 마음이 컸던 분으로 기억한다"고 말했다.

한국인 최초 도선사 유항렬

우리나라에서 근대식 도선이 시작된 것은 1915년이다. 1883년 개항한 인천항은 조수 간만의 차와 복잡한 수로 등으로 인해 도선의 필요성이 컸다. 이에 일본은 1915년 도선사의 역할 등을 정의한 '조선수선령'을 공포한다. 이는 일본에서 시행되고 있던 '수선법水先法'을 따른 것으로, 조선총독부 해사국이 도선사 시험을 주관하고 면허도 발행했다. 이 때문에 초기에는 일본인들이 도선업을 독점했다. 해운행정이 일본인에 의해 이뤄졌기 때문이다.

1937년이 돼서야 일제로부터 정식 도선 면허를 받은 한국인 최초 도선사가 탄생했다. 인천항에서 활동한 유항렬(1900~1971) 도선사다. 우리나라 최초의 도선사이자, 일제시대 유일한 한국인 도선사였던 그는 해방 이후 우리나라에 남아있던 단 한 명뿐인 도선사였다. 이러한 이유로 해방 이후 주요 구호물자를 실은 선박의 도선은 그

▲ 유항렬 도선사.

의 몫이었다. 그는 30년이 넘는 도선사 생활 중 가장 보람 있었던 일로 1947년 미 화물선 리퍼블릭호(2만 5천 t) 등 구호물자 등을 실은 군함과 화물선 50여 척을 인천항에 입항시킨 일을 꼽았다. 당시 구호물

▲ 2012년 해기사 명예의 전당에 헌정된 유항렬(왼쪽 흉상) 도선사. /한국해기사 협회 제공

자를 실은 선단은 심한 풍랑 때문에 상륙을 못했다고 한다. 1970년 12월 《주간한국》과의 인터뷰에서 그는 "리퍼블릭호에 올라 모든 선단을 이끌고 내항으로 들어올 때는 동포를 생각하면서 어깨가 으쓱했다"고 당시 심경을 밝힌 바 있다.

1·4 후퇴 당시에는 도선사라는 책임 때문에 인천항에 있는 모든 선박을 출항시킨 다음 최후로 부산 피란길에 올랐다고 전해진다. 그와 함께 활동했던 한국명예도선사회 김수금(92) 회장은 "오래전에 은퇴해서 자주 마주쳤던 분은 아니지만 고령임에도 당당한 모습으로 배를 이끌던 모습이 기억에 남는다"며 "도선 기술은 해외 어느 도선사와 견주어봐도 매우 뛰어났던 사람"이라고 했다.

인천 중구 내동에는 이른바 '유항렬 저택'이 있다. 유항렬 도선사가 생전 살던 곳으로 2층에 있는 베란다는 남쪽이 아니라 서쪽인 팔미도를 바라보고 있다. 이는 유항렬 도선사가 집에서 망원경을 통해

🔺 인천시 중구 내동에 위치한 유항렬 주택. 이 집의 2층 베란다는 남향이 아닌 서쪽 팔미도를 향하고 있다.

인천항에 입항할 선박이 오는지를 보기 위해서라고 한다. 유항렬 도선사의 아들 유재공(72) 씨는 인천시립박물관 조사보고서(『인천항 사람들』)에서 "아버지는 인천항에서 여러 나라 배들의 입출항을 도와주는 일을 했기에 빨간 벽돌 이층집 내동 집에는 외국 손님도 가끔 왔다. 그 집에선 인천항이 훤히 내다보인다"고 회상했다.

도선사들은 자신들이 매우 위험한 작업 환경에 놓여 있다고 말한다. 운항 중인 선박에 올라타야 하기 때문에 한순간도 방심할 수 없다는 게 도선사들의 설명이다. 워낙 위험한 작업이다 보니 9m 이상 올라가야 할 경우 줄사다리 대신 조금 안전한 철제사다리를 사용하도록 국제적으로 규정하고 있다. 이렇게 조심을 하더라도 자칫 선박과 선박 사이에 끼여 다치거나 바다에 떨어져 실종되기도 한다.

인천항 갑문에는 높이 3m, 너비 80~100㎝가량의 기념비가 하나 서 있다. 1984년 12월 21일 한국도선사협회가 세운 도선사 기념비다. 기념비에는 '이 기념비는 유항렬 도선사가 우리나라 최초로 인천항에서 도선 업무를 개시한 것을 기념하고 또 1957년 11월 22일 도선 업무 수행 중 순직한 김선덕 도선사를 추모하기 위해 이를 건립하다'라고 기록돼 있다.

김선덕 도선사는 1957년 11월 팔미도 근해에서 도선선 난파로 조

▲ 인천항 갑문 관제탑.
▶ 인천항 갑문에 세워져 있는 도선사 기념비.

난당했다고 한다. 1985년에는 김동균 도선사가 심장마비로 숨졌고, 같은 해 차재간 도선사가 도선 수행 중 바다로 떨어져 순직하는 사고도 났다. 가장 최근에는 2004년 4월 박만현 도선사가 해상으로 추락해 숨지는 안타까운 사고가 있었다.

인천항도선사회 김혁식 이사는 "많은 선배 도선사의 노력이 있었기에 인천항과 인천항 도선사가 발전할 수 있었던 것으로 생각한다"며 "앞으로도 항만 안전을 책임지는 사람이라는 자부심을 갖고 인천항을 더 발전시킬 수 있도록 노력하겠다"고 했다.

인천항과 배

안전 서포터 **예선**
인천항 택시 **통선**
해상의 화물차 **바지선**
인천항 **순찰선**
인천항 **연안여객선**
한중 바닷길 잇는 **한중카페리**
남북극 연구 전초기지 **'아라온호'**
선박건조 기술자

안전 서포터 **예선**曳船

거구는 피해갈 수 없는 '아슬아슬 밀당'

2018년 6월 10일 인천항 북항 SK인천석유화학으로 입항한 유조선 'Olympic Lotalty2'호는 인천항으로 들어오는 화물선 중 규모가 가장 크다. 30만 t의 원유를 실을 수 있는 이 배는 원유를 가득 채우면 선박 자체의 무게까지 30만 t을 훌쩍 넘는다. 이 배는 길이는 336m, 너비 59m로 축구장 3개를 합한 것보다 크다.

자동차가 주차할 때에는 옆 차량 또는 벽·기둥과 일정 거리를 떨어뜨려 놓는 것과 달리, 선박은 화물 하역과 승객 승하선 등을 위해 부두에 바짝 붙여 놓는다. 항만 종사자들은 이 같은 선박의 접안 방식을 '배를 붙인다'고 표현한다. 이렇게 크고 무거운 대형 선박을 어떻게 부두에 안전하게 붙일 수 있을까.

아무리 항해 실력이 뛰어난 선장이라고 하더라도 혼자서 이처럼 큰 배를 한 치의 오차 없이 부두에 딱 붙이는 건 불가능에 가깝다. 이 때문에 필요한 것이 바로 예선曳船이다.

예선은 선박의 접·이안을 도와주는 배다. 화물선과 크루즈, 카페리와 같이 규모가 큰 선박은 예선의 도움을 받아 접안한다. 선박과 예선을 줄로 연결한 뒤, 예선이 선박을 끌거나 밀어 부두에 붙인다. 선박 규모에 따라 1~5척의 예선이 달라붙는다.

　2018년 6월 7일 오후 인천 중구 역무선 부두에서 예선 '한창1'호가 내항 5부두로 입항하는 6만 t급 자동차 운반선 'Glovis Condor'호의 입항을 돕기 위해 출항했다. 내항으로 입항하는 선박은 인천대교에서 갑문까지 들어가는 과정과 갑문에 들어가서 부두에 접안하는 과정을 거쳐야 한다. 갑문은 수위를 조절하는 장치로, 선박의 안전한 통항을 위해 조석 간만의 차가 심한 항만에 설치된다.

Glovis Condor호가 인천대교를 통과하자 한창1호를 비롯한 예선 3척이 접근했다. 본선에서 얇은 밧줄을 던지자 예선 승무원들이 배에 있던 굵은 밧줄과 묶었다. 본선에서 밧줄을 잡아당겨 더욱 단단하게 고정했다.
　　본선과 예선들이 갑문 인근에 도착하자 본격적인 작업이 시작됐다. 갑문 너비는 34m, Glovis Condor호 폭은 32m다. 이 배는 갑문을 통과할 수 있는 가장 큰 규모의 선박이다. 갑문은 긴 네모꼴 수로 모양이다. 선박은 이곳을 일직선으로 통과해야 한다. 자동차 자동세차장 기계가 작동하기 전 자동차가 정확한 위치에 앞바퀴를 놓아야

🔺 한창1호를 운항하는 김은수 선장(좌)과 5천 마력의 힘을 가지고 있는 한창1호 기계실(우).

하는 것처럼, 선박도 갑문을 통과하기 전 위치를 잡아야 한다. 자동차의 경우 세차장 직원이 보통 자동차의 방향을 알려주지만, 선박은 본선과 연결된 예선 3척이 밀고 당기면서 본선의 위치를 잡는다. 이 작업은 본선에 탑승해 있는 도선사의 지휘에 의해 이뤄진다.

"한창 스톱!"

도선사의 명령이 무전기를 통해 전해진다. 한창1호 김은수(28) 선장은 명령을 들었다는 의미로 "한창 스톱"이라고 말하고 선박을 멈춘다. 이어 "한창 밀 준비" "한창 밀고" "한창 스톱" 등의 지휘가 연이어 들려오고 김은수 선장도 명령에 따라 선박을 조작했다. 한창호 등 예선 3척이 밀고 당기기를 거듭하자 Condor호는 갑문을 통과할 수 있는 '정위치'에 서게 됐다. 예선에서 Condor호 선측에 물을 뿌렸다. 갑문과 선박이 스칠 경우 마찰력을 줄이기 위한 것이다. Condor호는 무사히 갑문을 통과했고, 임무를 완수한 한창호는 역무선 부두로 향했다.

　김은수 선장은 "갑문 작업과 유조선 돌핀 작업은 정교함을 필요로 해 아무래도 긴장이 된다. 특히 돌핀 부두에 접안하는 유조선은 자칫 잘못하면 큰 사고로 이어질 수 있기 때문에 더욱 조심한다"고 말했다.

　한국예선업협동조합 인천지부 윤덕제 사무국장은 "예선은 전후좌우로 방향을 자유롭게 조정할 수 있는 특수 프로펠러를 장착하고 있다. 최근 건조되는 예선은 300t 안팎의 규모이지만 5천 마력 이상의 힘이 있다. 이는 1만 t 급의 선박과 비슷한 수준"이라고 설명했다.

　예선의 예는 '끌 예(曳)'자다. 말 그대로 끄는 선박이라는 뜻이다. 과거에는 예인선과 예선을 혼용해 사용하기도 했지만, 지금은 예인선은 선박이나 구조물을 끌고 가는 선박을 일컫고 규모가 크다. 예선은 선박을 끌고 간다는 점에서는 같지만, 선박의 접·이안을 도와주는 것을 주 용도로 사용한다.

예선의 활용은 조선 시대까지 거슬러 올라간다. 당시에는 임금이 탄 선박을 호위하는 용도로 예선을 활용했다. 조선왕조실록 정조3년 (1779) 8월 3일 기사는 "임금이 용주龍舟에 타고 선상先廂의 장사將士와 용호영龍虎營의 장사는 용주의 왼편 예선曳船 밖에서, 후상後廂의 장사와 경기영京畿營의 기고旗鼓는 용주의 오른편 예선 밖에서 함께 용주를 끼고 거가를 호종하여 건넜다"고 기록하고 있다.

인천에서 예선이 본격적으로 활용된 건 1974년 갑문이 준공되고 나서다. 1883년 개항 이후 인천항은 외국 선박들이 물밀듯이 몰려왔지만, 부두 시설이 열악했다. 이 때문에 선박이 부두에 정박하지 못하고 인천 앞바다에서 바지선을 통해 화물을 하역했다.

배순태 도선사는 저서 『난 지금도 북극항해를 꿈꾼다』에서 "갑문이 만들어지기 이전에는 외항에 닻을 놓고 바지를 이용하여 하역을 해 왔는데, 이런 하역 방식은 하역비가 몇 배나 더 들어갈 뿐만 아니라 작업의 효율성도 떨어져 시간이 많이 걸리고 위험하기까지 했다"고 했다.

1974년 갑문이 운영을 시작했고, 갑문을 통과하기 위해선 예선이 필수적이었다. 이후 남항, 신항 등 외항에 접안하는 선박들도 안전한 접안을 위해 예선의 도움이 필요했다.

이때에만 해도 예선은 국가가 운영했다. 1975년 항만법이 개정되면서 민간에서도 예선을 운영할 수 있게 됐고, 우리나라 최초의 민간 예선이 인천에서 나왔다. 1975년 설립된 예선업체 ㈜홍해는 우리나라 최초 민간 예선 '은성호'를 건조해 인천에서 운영했다. 지금까지도 예선은 인천에서 가장 많이 건조되고 있다.

🔺 예선은 1970년만 해도 국가 설비였다. 항만법 개정으로 민간이 예선업을 할 수 있게 됐다. 사진은 한국 최초 민간 예선인 은성호 모습.
/(주)흥해 제공

🔺 예선은 선박의 접·이안을 돕는 것이 주 역할이지만, 다른 선박에 불이 났을 때 진압할 수 있는 소화설비도 갖추고 있다. 예선의 소방훈련 모습. /한국예선업협동조합 인천지부 제공

◀ 예선은 해상 건설 작업에도 유용하게 쓰인다. 예선은 바지선에 실려 있는 해상크레인 등 건설장비가 움직이지 않도록 고정하는 역할을 한다. /한국예선업협동조합 인천지부 제공

　　예선은 바다 위에서 이뤄지는 건설사업에 활용되는 등 많은 역할을 했다. 인천에서는 인천대교, 영종대교 등 육지와 섬을 잇는 연륙교 건설사업과 항로 준설 등 해양 공사에 활용됐다. 해상에서는 건설자재와 장비를 동력이 없는 바지선에 두고 공사를 진행하는데, 바지선을 움직이거나 한곳에 고정할 때 예선을 사용한다. 예선 앞부분에 달린 고리와 바지선을 연결해 선박을 이동시키거나 움직이지 못하도록 하는 것이다.

㈜홍해 박관복 전무는 "인천은 전국에서 가장 먼저 민간 예선을 건조한 곳이다. 지금도 예선을 건조하는 곳은 인천을 제외하면 많지 않다"고 말했다.

인천의 예선업은 활황을 이뤘고 해기사 양성 교육기관인 국립인천해사고등학교 졸업생들이 예선업에 많이 진출했다. 현재 예선업 선장 중 절반 정도가 인천해사고 출신이라는 것이 예선업계 설명이다. 인천에서 교육을 받은 선장이 인천에서 건조된 선박으로 인천항 일대를 운항하는 경우는 예선업이 유일한 것으로 보면 된다고 한다.

윤덕제 사무국장은 "항만이 점차 대형화되면서 예선의 역할도 중요해지고 있다"며 "특히 인천은 원유와 LNG 등 화학물질 운송 선박이 많이 드나들고, 자칫 잘못하면 대형 사고로 이어질 수 있기 때문에 예선은 사고 예방 측면에서 큰 역할을 한다"고 말했다.

인천항 택시 **통선**

망망대해 긴 기다림 달래주는
'바다의 퀵서비스'

정해진 노선을 운행하는 버스·기차·지하철 등과 달리 택시는 출발 지점과 목적지를 마음대로 정할 수 있다는 장점이 있다. 택시는 이러한 점 때문에 많은 사람이 선호하는 육상 교통수단이다. 바다에서 택시 기능을 하는 것은 '통선通船'이라고 불리는 작은 배다. 통선은 바다 위에 떠 있는 선박에 식료품 등 물건을 운송하거나, 선박이 육상에 접안하지 못할 경우 선원들을 육상에 데려다 준다. 육상에 있는 선원이 바다에 있는 선박으로 이동할 때도 통선을 이용한다.

통선의 역할은 여기서 그치지 않는다. 응급환자 이송, 줄 작업 등 여러 가지다. 통선은 급하고 필요한 일을 대신해 준다는 의미에서 '바다의 퀵서비스'라고도 불린다.

2018년 2월 20일 오후 3시 인천 중구 관공선부두에서 통선 '해주5'호가 출항했다. 이날 해주5호가 맡은 역할은 인천항 북항 SK부두에서 유조선 ST.KATHARINEN호의 접안을 돕는 것.

컨테이너선 등 다른 선박과 달리 유조선은 원유 등을 하역하기 때

◐ 유조선 St. Katharinen호에 가까이 붙어 부두와 연결할 줄을 내려받고 있는 통선 해주3호.

◐ 유조선 St. Katharinen호에서 내려받은 줄을 통선에 설치된 구조물에 연결하고 있는 김영철 부장.

◐ 해주5호 김순석 선장이 김영철 부장의 손짓에 선박을 뒤로 이동시키고 있다.

문에 돌핀부두라고 불리는 말뚝형 구조물에 접안한다. 돌핀부두는 구조상 안벽으로 돼 있는 부두보다 충격에 약하다. 이 때문에 통선이 본선에서 줄을 넘겨받아 부두에 전해주는 과정을 거친다. 인천은 남항, 북항, 한국가스공사 인천 LNG기지 부두 등에서 돌핀부두가 운영되고 있다.

이날 해주5호에 탑승해 줄 작업을 한 김영철(68) 부장은 1970년부터 인천항에서 통선 일을 했다. 통선 선장으로서 배를 운항하고, 갑판원 역할도 하는 등 통선과 관련해서는 '올라운드 플레이어'다. 이날은 '줄 작업'을 맡았다.

해주5호가 인천항 북항에 다다르자 ST.KATHARINEN호가 예선의 도움을 받으면서 부두에 접근하다가 30m 정도 앞에 멈춰 섰다. 김영철 부장의 손짓에 해주5호 김순석(73) 선장이 선박을 본선 쪽으로 이동시켰다. 해주5호가 다가오자 본선에 있던 선원은 팔목만한 두께의 로프를 내려보냈다. 김 부장은 이 줄을 갈고리로 낚아채자마자 재빠르게 통선 갑판 위에 있는 구조물에 걸었다. 김 부장은 김 선장을 향해 뒤로 가라는 손짓을 하면서 본선을 향해서는 "Slowly!천천히"라고 크게 외쳤다. 배가 움직이니 천천히 줄을 풀라는 의미다. 해주5호가 부두와 가까워지자 김 부장은 부두에서 내린 줄을 본선에서 내린 줄과 연결했고, 부두에서는 도르래를 이용해 줄을 끌어올렸다. 김 부장은 이러한 작업을 4차례 반복했고, 이날 2대의 통선이 모두 일곱 가닥의 줄을 배달한 뒤에야 접안이 완료됐다.

김 부장은 "부두 직원과 본선 선원, 통선 선장, 그리고 나 이렇게 네 명의 호흡이 맞아야 안전하게 작업을 마칠 수 있다"며 "줄이 너무

🔺 해주5호와 함께 줄 작업을 하기 위해 출항하고 있는 해주3호 모습.

많이 풀려서 바다로 가라앉으면 배의 스크루에 걸릴 수 있다. 이 외에도 곳곳에 위험 요소가 도사리고 있다"고 말했다.

인천항에는 해주5호 등 7척의 통선이 있다. 인천지방해양수산청에 등록된 통선업체는 4곳이지만 실질적으로 운영되는 곳은 김 부장이 속해 있는 해주조기공업 등 2곳에 불과하다고 한다.

통선은 시대에 따라 이름과 역할이 조금씩 달라지긴 했지만, 오래 전부터 육지와 선박을 이어 주는 구실을 해왔다.

개항기 선교사이자 배재학당 설립자인 헨리 거하드 아펜젤러 Henry Gerhard Appenzeller(1858~1902)도 인천에 발을 내딛기 위해서 통선을 탄 것으로 기록돼 있다. 연세대학교 출판부가 아펜젤러의 일기와 보고서 등을 토대로 펴낸 『아펜젤러-한국에 온 첫 선교사』는 개항 당시 인천항의 모습을 상세히 담고 있다.

아펜젤러는 1885년 4월 5일 메모에 'S. Maru호는 제물포항에 닻을 내렸다. 거룻배들이 여기저기 보인다. (중략) 아내와 나는 거룻배를 탔다. 상륙하는 데 약 1시간이 걸렸다. 썰물로 물이 빠져서 제물포항으로부터 기선은 1.5마일쯤 뒤에 정박해 있기 때문이다'고 남겼다. 아펜젤러는 당시 통선 역할을 한 나룻배를 타고 인천에 상륙한 것이다.

김탁환과 이원태가 쓴 소설 『아편전쟁』에서도 인천항이 묘사된다.

> 인천은 수심이 얕고 아직 부두가 만들어지지 않았기 때문에 외국 상선이 곧바로 바닷가에 닿지 못한다오. 바닥이 평평한 짐배가 나가서 상선에 붙소. 승객과 상품을 짐배에 옮겨 싣는 게요.

통선은 바다 위 선박과 부두를 오가는 배라는 점에서 부두시설과 연관이 깊다. 개항기만 해도 인천항(당시 제물포항)에는 제대로 된 부두시설이 없었기 때문에 통선은 사람뿐만 아니라 화물을 나르는 데도 활용됐다. 하지만 대형 선박이 접안할 수 있는 부두시설이 만들어지면서 화물을 나르는 기능은 없어졌다. 대신 통선은 해상에서 부두 접안을 기다리는 선박과 육지를 연결하는 역할을 하게 됐다.

인천항에 선박이 몰려들어 '교통체증'이 가장 심했던 때는 1990년으로 기록돼 있다. 해양수산부가 1999년 펴낸 『수도권 항만 기능정립·재정비계획』을 보면, 수도권 화물의 인천항 폭주로 인천항의 체선·체화 현상이 가장 심했던 때는 1990년이다. 그해 체선율은 48.2% 였다. 체선율은 선박이 부두에 접안하지 못하고 12시간 이상 대기한 선박의 비율을 말한다. 1990년엔 100대 중 48대가 12시간 이상 기다렸다가 인천항에 들어올 수 있었던 셈이다.

인천항의 체선율은 전국 항만 중 가장 높았으며, 당시 평균 체선시간은 70시간 정도로 길게는 1주일 이상을 바다에서 대기해야 했다. 체선이 심했던 것은 대규모 주택공급 정책과 연관이 깊다. 노태우 대통령이 추진한 '주택 200만호 건설사업'으로 시멘트 등 건설자재들이 대거 인천항으로 수입됐기 때문이다. 이때 고양 일산, 성남 분당, 안양 평촌, 군포 산본, 부천 중동 등 5대 신도시가 개발됐다. 인천에서는 연수구 선학동과 동춘동 일대 '연수지구'가 개발됐다.

'인천항을 사랑하는 800모임' 남홍우 회장(㈜천경 경인지역 본부장)은 "지금으로 치면 당시엔 내항으로 들어오기 위해 배들이 번호표를 뽑고 기다린 셈"이라며 "시멘트 등을 싣고 온 선박들이 인천항에 오기 위해 아우성이었다"고 당시 상황을 회상했다.

통선은 바다에 떠 있는 선박의 선원들을 위해 물과 식료품 등을 공급했고, 이때까지만 해도 활황이었다. 대기하고 있는 선박에 응급환자가 생기면 육지로 이송하는 것도 통선의 역할이었다.

김영철 부장은 "90년대에는 하루에 5~6차례 나가기도 했다"며 "하루 종일 배를 움직여야 했기 때문에 배 안에서 식사와 잠일을 담당하는 '화장'이 있었고 선장과 기관원이 따로 있었지만, 지금은 선장 혼자 나가기도 한다. 줄 작업을 할 때만 2명이 나간다"고 말했다.

2000년 이후 인천 남항, 북항, 신항이 잇따라 들어섰다. 부두시설 확충은 체선율을 낮췄지만 통선업이 위축되는 결과를 초래했다. 통선의 수와 활용도가 줄었다. 해주조기공업은 3척의 통선을 운용하고 있는데, 1주일에 출항하는 횟수가 15차례 안팎에 불과하다고 했다. 선박이 바다에서 대기하는 일이 거의 없어졌기 때문이다.

2010년 이후 인천항의 체선율은 1%대에 그친다. 1990년대처럼 선원을 운송하고, 식료품 등을 전해주는 일은 많이 줄었다. 이날 작업처럼 '돌핀부두 줄 작업'과 선원의 출입국 수속을 위해 선박 대리점 직원을 배에 옮겨주는 역할을 주로 한다.

김 부장은 그래도 통선이 없어지지는 않을 것이라고 했다. 그는 "바다에서 많은 일이 이뤄지고 있다. 통선은 화려하지 않지만 선원과 선박을 위해서 일을 묵묵히 해내고 있다"며 "통선만이 할 수 있는 역할이 있기 때문에 없어지지는 않겠지만, 점점 그 역할이 줄어드는 것은 어쩔 수 없는 것 같다"고 아쉬워했다.

해상의 화물차 **바지선**

인천항 건설 일대기에
빠질 수 없는 '특급 조연'

2018년 7월 5일 오전 9시 인천 영종대교 아래 마련된 임시 부두. 대형 덤프트럭 250대 분량의 펄(개흙)을 잔뜩 실은 '바닥이 널찍한 배' 한 척이 천천히 다가왔다. 김포 대명항 부두 축조 공사를 하며 발생한 준설토를 버리기 위해 바지선Barge이 이곳까지 온 것이다. 영종대교 아래에는 인천항 인근에서 발생한 준설토를 처리하는 '준설토 투기장'이 있다.

펄을 싣고 접근한 바지선의 이름은 '연안호'. 이 배는 엔진이 없어 혼자 힘으로 항행할 수 없다. 선박법에서는 부선艀船이라고 정의한다. 스스로 움직일 수 없다 보니 우측 옆구리에 묶인 예인선曳引船 '건민T7'호가 마치 한 몸처럼 연안호를 임시 부두에 붙이고 있었다.

연안호 선원 백학기(56) 씨는 "바지선과 예인선은 한몸이나 마찬가지"라며 "호흡이 맞지 않으면 현장에 배를 붙이기 어렵다. 이래저래 불편한 것이 한 두 가지가 아니다"라고 말했다. 백 씨는 현장에 투입된 6월 초부터 배에서 먹고 자는 고된 생활을 이어오고 있다.

바지선은 먼 거리를 이동해야 할 때는 예인선이 줄로 끌어 움직이고, 부두나 작업 현장에 붙여야 할 때는 예인선과 홑줄로 묶어서 단단히 고정해 움직인다. 배를 붙이기 위해 예인선에 단단히 고정해 움직이는 것을 업계에서는 '차고 다닌다'고 표현한다. 예인선의 예(曳)자와 인(引)자는 끈다는 뜻이지만, 끌지 않고 차고 다니는 경우도 많다.

바지선이 예인선과 묶여 있을 때는 모두가 긴장해야 한다. 예인선 건민T7호 이갑경(68) 선장은 "예인선이 바지선을 차면 높은 브리지에서도 바지선 앞 상황이 어떤지 잘 보이지 않는다. 예인선 승조원인 다른 항해사가 바지선으로 건너가 현장을 보고 무전기로 전달해 주는 상황에 따라 배를 조종해야 한다"고 했다.

'오른쪽으로 밀어라, 왼쪽으로 당겨라'는 식으로 대화를 나눈다.

▲ 연안호를 관리하는 선원 백학기 씨가 발전기 등 장비 상태를 점검 중이다.

▲ 김포 대명항에서 준설토를 싣고 온 바지선 연안호가 영종도 준설토 투기장 인근에 마련된 임시 부두에 배를 붙이고 펄을 화물차에 실어 보내고 있다.

　연안호 덩치가 건민T7호보다 몇 배는 컸다. 바지선이 예인선을 찬다는 표현이 더 정확해 보였다. 배를 붙일 임시 부두에서는 포클레인이 흙으로 길을 다져 놓고 있었다. 덤프트럭이 널빤지처럼 생긴 해치를 통해 바지선을 잘 드나들 수 있도록 하기 위해서다.

　공사 현장에 주로 쓰이는 바지선은 무동력선이라는 이유로 배 대접을 받지 못했다. 선박 등록에 관한 법률인 선박법의 시행규칙이 개정된 1997년 이전까지만 하더라도 국적선으로 등록하지 못하고 건설장비로 취급됐다. 황규민(52) 인천예부선협회 부회장은 "바지선 선주들은 선박으로 인정받지 못해 재산권 행사를 할 수조차 없었다"며 "1997년 선박법 시행규칙이 개정되면서 선박으로 인정됐다. 인천의 바지선 선주들이 법 개정을 위해 많은 노력을 했다"고 말했다.

　바지선은 준설토나 바다에서 채취한 모래를 운반하고, 교량·항만 건설 현장의 장비와 자재를 나르기도 한다. 화물차나 철도로 수송하기 힘든 대형 화물의 단거리 수송에도 이용한다.

　인천예부선협회에서는 바지선을 크게 네 가지로 분류한다. 4개의 앵커(닻)가 달려 바다 위에서도 움직이지 않고 고정되는 '세팅부선', 갑판에 1.5m 정도의 벽이 설치돼 화물이 떨어지지 않는 '코밍부선', 갑판에 벽이 없고 평평한 '평부선', 바닥이 움푹 파여 화물을 더 많이 실을 수 있는 '홀드바지'이다.

바지선의 최대 호황기는 1974년 인천항 갑문이 준공되기 이전까지였다고 바지선 선주들은 기억한다. 당시에는 외항 묘박지에서 바지선을 통해 하역 작업이 이뤄졌다.

바지선 선주 유병두(75) 씨는 "갑문이 생기기 전에는 큰 화물선들이 부두에 배를 붙이지 못해 바다 한가운데서 바지선에 화물을 내리는 식으로 하역했다. 갑문이 생기고 부두 시설이 좋아지면서 바지선 일감이 급격하게 줄었다"고 했다.

다행히 갑문이 생긴 후에는 교량이나 부두시설 확충 등 대규모 공사 일거리가 밀려왔다. 특히 인천은 일거리가 많았다. 남항·북항이 개장하고 영종대교와 인천대교 공사, 신항 건설 등 일거리가 있었다. 그러나 최근 3~4년 사이에는 대규모 공사도 자취를 감춰 버렸다. 바지선 선주들은 정부가 어선처럼 감척을 해줬으면 하는 생각을 할 정도로 힘든 시기를 보내고 있다고 한다. 그나마 준설토를 옮기는 바지선 선주들은 일거리가 그럭저럭 있는 편이다. 인천항은 조수 간만의 차가 커 배가 다니는 항로에 토사가 쌓이며 항로 깊이가 계속 낮아진다. 인천항은 안전한 항로 수심을 확보하기 위해 정기적으로 준설 작업을 벌여야 한다.

바지선은 육상으로 치면 화물차 같은 역할을 한다. 때문에 해상 공사에 없어서는 안 되는 필수 장비다. 2015년 개장한 인천 신항 공사에서도 바지선은 1공구 공사 구간에 5천800t 규모의 케이슨 44개를 실어 날랐다. 이때 투입된 바지선은 '착저식 진수대선(DCL)'이라고 부르는 배였다. 2공구 44개의 케이슨은 해상크레인이 운반했다. 케이슨은 육상에서 제작한 안벽 구조물이다. 바다에서 직접 구조물을 쌓아올리기 어려운 경우 육상에서 케이슨을 제작해 바다에 옮겨 넣는 방식으로 공사가 진행된다.

인천항만공사 김성진 항만개발실장은 "바지선은 항만 공사에 필수 장비다. 바지선이 없는 항만 공사는 상상도 할 수 없다"며 "수천 톤의 케이슨을 운반할 수 없다면 공사가 불가능하다. 엔진이 없어 그만큼 화물 적재도 자유로운 바지선은 꼭 필요하다"고 말했다.

하지만 바지선은 건설 현장에서 그 가치를 제대로 조명받지 못한다. 2009년 10월 이명박 당시 대통령은 인천대교 개통식에서 공사 관계자 등에게 표창을 줬는데, 바지선 선주는 단 한 명도 상을 받지 못했다. 인천대교 건설 현장에서 일했다는 한 세팅부선 선주는 "상은 언제나 건설회사 차지였다"며 "배인데 배 취급도 못 받고, 가치나 역할도 제대로 인정받지 못해 바지선 선주들은 언제나 아쉬운 마음이 있다"고 말했다.

인천항 **순찰선**

세계적 항만,
작은 위험까지 세심한 케어

　인천항은 1883년 개항 이후 수도권의 관문 역할을 하면서 서해안 최대의 국제 무역항이자 상업항으로 끊임없이 성장했다.

　컨테이너 부두 등의 기능을 뒤로하고 일부 공간을 시민 친수구역으로의 변신을 준비 중인 '내항', 원목·철재·사료용 부원료 등 산업원자재 화물을 싣고 내리는 '북항', 컨테이너 부두와 돌핀부두 등이 있는 '남항' 등을 비롯해 국제여객터미널과 연안여객터미널 등을 갖춘 환황해권의 허브 항만으로 거듭나고 있다. 또한 급속히 증가하는 컨테이너의 원활한 처리와 북중국 항만에 대응하기 위해 최첨단 시스템으로 건립된 인천 신항*은 인천항을 동북아를 넘어선 세계적인 수준의 항만으로 도약시키는 발판이 될 전망이다.

　하루에 수백 척이 드나드는 인천항의 '선박 안전'을 확보하는 일은 중요하다. 항로에 떠다니는 폐그물과 부이처럼 사소해 보이는 것들도 선박 안전에 치명적인 위협이 될 수 있다. 매일 인천항 주변 해역

* 신항 1-1단계는 2017년 11월 완전 개장했다. 1-2단계 공사는 2020년 상반기 시작된다.

곳곳을 직접 살피며 선박에 위협이 될 수 있는 물건들을 처리하는 '항만 순찰선'이 없어선 안 되는 이유다.

"북항 입구 부근 항로에 부이가 떠다닌다는 신고입니다. 신속히 확인 조치 바랍니다."

북항 인근을 지나던 예인선에서 "부이가 보인다"는 신고가 들어왔다. 인천항 남항 부근을 순찰하던 인천지방해양수산청 소속 '해양 5호'가 VTS 무전을 듣고 선수를 북항 쪽으로 급히 돌렸다. 10분여 만에 신고 해상에 도착한 해양 5호 앞으로 검은색 플라스틱 부이가 떠 있었다. 부이는 항로 안에 있어선 안 될 물품이다. 부이에 묶여있

🔺 인천항 항로를 순찰 중인 해양 5호에서 본 인천항 모습.

▲ 해양 5호 승무원들이 삿갓대를 이용해 불법으로 설치된 부이를 건져 올리고 있다.

는 그물이나 밧줄이 선박 스크루에 감기면 선박 표류로 이어질 수 있어 관련 법상 불법 설치를 엄격히 제한하고 있다.

 부이가 가까워지자 배를 몰던 15년 경력의 김남주(46) 항해사는 전팔근(47) 선장에게 키를 넘기고 갑판으로 나가 '삿갓대'를 집어 들었다. 삿갓대 혹은 삿대로 불리는 이 기구는 성인 키의 3배 정도는 돼 보이는 긴 대나무 장대 끝에 날카로운 꼬챙이와 갈고리를 단 기구로 바다 위에 떠다니는 물건들을 걸어서 배 위로 올리기 좋게 만들어졌다. 해양 5호는 천천히 부이에 접근했다. 키를 쥔 전팔근 선장과 삿갓대를 든 김남주 항해사가 수신호로 부이를 건지기 좋은 위치에 배가 놓일 수 있도록 했다. 김남주 항해사가 삿갓대를 들어 능숙한 솜씨로 부이를 걸어 올리고, 부이에 걸린 그물을 잘라 갑판 위로 끌어올렸다. 인근 해상에서만 3개 정도의 부이를 더 찾아 배 위로 수거했다. 순찰선 갑판이 금세 부이로 수북해졌다. 플라스틱이나 스티로폼으로 된 부이처럼 비교적 작은 물체들은 직접 끌어 올리지만, 원목 같은 큰 물체는 대형 부유물을 실을 수 있는 해양환경공단의 '청항선'을 불러 치울 수 있도록 조치한다.

전팔근 선장은 "원목 부두에서 원목이 바다에 빠지는 경우도 있고, 장마철에는 냉장고 같은 큰 가전제품이 항로에 떠내려와 선박 안전의 위협 요소가 된다. 간혹 돼지나 소 같은 짐승 사체 등도 떠내려온다"고 했다. 이어 "불법 부이 단속 과정에서 부이를 설치한 어민들과 마찰을 빚는 경우가 많아 애로사항이 있다"고 했다.

신고 30여 분 만에 신고 내용을 처리한 해양 5호는 VTS 보고 후 다음 순찰지역으로 뱃머리를 돌렸다. 전 선장과 김 항해사는 바다 위를 떠다니는 수상한 물체가 없는지 살피기 위해 연신 망원경을 집어 들었다.

인천지방해양수산청 관계자 등에 따르면 인천항 순찰선은 한국전쟁 직후인 1950년대 중·후반부터 본격적으로 활동을 시작했다. 초기 인천항의 항만 순찰선은 '월미호'였다. 10t 미만의 작은 목선이었는데, 역할은 그때나 지금이나 크게 다를 바 없었다고 한다. 레이더와 전자식 항해지도, 야간투시용 카메라 등 최첨단 장비가 갖춰진

🔺 순찰선 해양 5호 안에서 김남주 항해사가 인천항 항로에 불법 부유물이 없는지 쌍안경으로 살펴보고 있다.

요즘의 항만 순찰선과는 차이가 있지만 항로에 멈춰있는 선박을 이동하게 하고, 항로에서의 어업 활동을 제한하며, 제 속도에 맞춰 운항토록 하는 등 항만 내 운항 질서 유지 업무를 하는 순찰선의 역할은 지금과 크게 다르지 않다.

갑문이 세워지기 전 올림포스호텔 인근의 부두를 중심으로 팔미도부터 영종도까지가 월미호의 담당 순찰 해역이었다. 선박 상부가 노란색으로 칠해져 있어서 '노란 배'라는 별칭이 있었다고 한다. 60년대엔 월미호가 목선에서 철선으로 바뀌어 성능이 개량됐으며, 1970년대에는 그 역할을 '해룡호'가 담당했다. 1980년대 들어서 '해양 1호'가 도입됐다.

최광철(66) 씨는 1977년부터 2010년까지 34년간 인천항에서 순찰선을 몰았다. 그는 "70~80년대만 해도 인천항 항로 주변으로 어민들이 그물을 쳐 놓으면 놀래미(노래미), 병어, 우럭, 주꾸미 등 다양한 어종을 많이 잡을 수 있었다"며 "때문에 불법으로 그물을 쳐 두는 어민이 많았다"고 했다. 이어 "불법인 만큼 대부분은 단속했지만, 사정이 딱한 경우는 '다음부터 하지 말라'고 경고 정도만 했다"고 말했다. 그는 "아무래도 단속을 하는 게 주된 업무인 만큼, 우리 배(순찰선)를 피하려는 어선이 많았다"며 "당시 인천항을 드나드는 배 숫자가 지금만큼은 아니지만, 인천항 항로의 안전을 책임진다는 자부심과 보람으로 최선을 다해 활동했다"고 했다.

인천은 개항 이래 급속히 성장했다. 갑문이 들어서면서 인천항을 통한 해외 교역 규모는 더욱 커졌고, 영종도와 용유도 사이를 매립한 땅엔 세계적 수준의 국제공항이 들어섰다. 배가 아니면 닿을 수 없었던 영종도엔 영종대교와 인천대교 등 두 개의 다리가 놓였고 송도·청라국제도시는 마천루를 형성하며 바다에서 바라보는 인천의 모습을 변화시켰다. 인천항의 미래를 이끌 인천 신항이 들어섰고, 조만간 대형 크루즈 선박을 위한 전용 터미널도 갖춰진다.*

이런 변화는 순찰선이 담당해야 할 영역을 확장시켰다. 1980년대만 해도 1척이었던 인천항 순찰선이 최근엔 4척으로 늘어났다. 전팔근 선장을 비롯한 해양 5호 승무원들은 하루 한 차례 이상 인천대교 북쪽부터 영종대교 남쪽 해역까지 순찰하고, 정박 중일 때도 상황이 발생하면 출동해 조치한다. 힘든 일상일 수밖에 없지만, 인천항의 선박 안전 확보에 일조한다는 생각에 순찰 활동을 멈출 수 없다.

* 인천항 크루즈터미널은 2019년 4월 개장했다.

김남주 항해사는 "바다 위에서 하는 일인 만큼 파도나 안개 등 변수가 많아 위험하지만, 인천항을 오가는 화물선 등 각종 배가 안전하게 다닐 수 있도록 하는 데 조금이나마 기여하고 있다는 생각에 보람을 느끼며 활동하고 있다"고 했다.

인천항 **연안여객선**

사그라든 인천항 뱃길
'섬의 일상·설렘'으로 다시 수놓다

　인천과 인천의 섬을 잇는 관문인 인천항 연안여객터미널은 '설렘'과 '일상'이 혼재된 공간이다. 이곳을 매일 같이 드나드는 연안여객선은 터미널을 찾은 사람들의 설렘과 일상을 실어 나르며 그들의 수많은 이야기를 품는다.

　2018년 3월 23일 연안여객터미널에서 만난 한지원(49) 씨는 "사진모임과 함께 백령도를 가는데, 인천에 살면서도 백령도를 처음 가게 돼 설렌다"고 했다. 그는 "백령도의 기암괴석 같은 자연 풍경을 카메라에 담으려 한다"면서 "주변에선 아무래도 북한과 가까운 지역이니 조심하라며 걱정을 많이 한다"고 했다.

　박경란(85) 할머니는 대합실에서 자월도행 배를 기다리고 있었다. 병원 진료차 나왔는데, 인천에 있는 자식 집에도 들러 며칠 만에 돌아간다고 했다. 할머니는 "평생 자월도에서만 살았다"며 "겨울엔 배가 자주 끊겨 불편하지만, 아무래도 배도 커지고 훨씬 편리해져 다니기가 예전보다 많이 좋아졌다"고 했다.

▲ 14개 항로를 오가는 연안여객선은 섬을 드나드는 중요한 교통수단이다. 사진은 백령발 여객선을 통해 연안여객터미널에 도착한 승객들이 하선하는 모습.

출항 10분 전까지 개찰을 완료하니 탑승을 서둘러 달라는 내용의 안내방송에 따라 대합실 승객들은 저마다 자신의 목적지로 향하는 여객선으로 발걸음을 옮겼다.

'뛰, 뛰, 뛰'.

승객을 태운 여객선들은 큰 고동 소리를 울리며 부지런히 선착장을 벗어났고, 목적지를 향해 뱃머리를 돌렸다.

지금도 여전히 인천 섬 주민들의 중요한 교통수단인 연안여객선의 출발점엔 연안해운업이 있었다고 해도 과언이 아니다. 연안여객의 목적은 사람보다는 물건을 실어나르기 위한 경우가 훨씬 잦았다.

정부가 운영한 연안해운은 1886년 통리교섭통상사무아문으로부터 해운 업무를 인수한 전운국轉運局이 해룡호, 광제호, 조양호 등 3척의 기선으로 지방의 조곡을 인천으로 운반하면서 시작됐다. 이후 관영기업인 이운사利運社(1893년)가 창설돼 인천~마포 간 강운江運과 인천~군산 조곡 해운을 주요 업무로 삼았고, 갑오개혁 이후 일본우선회사가 인천을 기점으로 전라도의 군산, 목포, 여수, 경상도의 삼천포, 마산, 부산, 염포, 함경도의 원산, 서포, 신포 등 지역까지 배를 정기적으로 운항했다. 이 시기 쌀과 하포夏布, 면반물綿反物, 동물 가죽, 대두 등의 인천항 반입이 활발했다고 한다. 군산과 목포에선 쌀이, 부산에선 생선, 해초, 솜, 직물 등이 반입됐다. 원산에선 명태 등이 인천항으로 들어왔다.

당시 인천항에서 연안해운 업무를 진행한 주요 민간선사는 대한협동우선회사, 통운사, 호리조운사 등이 있었다. 정부 관료였던 이윤용(대한협동우선회사), 인천의 유지(통운사), 일본인 호리부자(堀久太郞, 호리조운사) 등이 각각 설립했다. 황해도와 충청도, 전라도는 물론 인천~평양 간 정기 항로를 개설해 운영하기도 했다. 이 시기 연안무역선들의 규모는 파악할 수 있지만, 여객 규모가 어느 정도였는지 파악할 수 있는 구체적 자료는 부족하다.

인천의 연안여객선 운항은 해방과 한국전쟁 등을 겪은 뒤 본격적으로 활성화된다. 인천에서 백령도와 덕적도, 연평도, 용유도, 대부도 등을 연결하는 항로는 1950~60년대에도 있었다. 눈에 띄는 건 당시 인천에서 강화 교동도를 연결하는 뱃길은 물론, 인천과 충청권을 연결하는 여객선이 운항했다는 점이다. 1956년 발간한 『경기도지』는 인천항을 기점으로 하는 항로가 당진선, 목포선을 비롯해 총 12개였다고 기록하고 있다. 당시 여객선은 육지와 섬을 연결하는 건 물론, 지역과 지역을 연결하는 교통수단이었던 것이다.

30대 시절 충남 당진에서 뱃길로 인천을 종종 오갔다는 박영수(76) 씨는 당시 상황을 또렷이 기억했다. 그는 서산의 구도포구와 명천포구, 당진의 한진포구와 외성포구 등에서 지금의 올림포스호텔 인근의 인천항을 잇는 4개 항로가 있었다고 했다. 1974년 인천항 제2선거 완공으로 지금의 연안여객터미널 자리로 여객선 부두가 이전하기 전 일이다.

박 씨는 "그때는 100명 정도 탈 수 있는 목선이 항로별로 하루 한 차례 정도 다녔고 당진에서 인천까지 8~9시간이 걸렸다"며 "당시에는 폭풍, 안개주의보 같은 게 없어 배를 타고 다니기가 여간 고생스러운 게 아니었다"고 했다. 이어 "70년대 들어서면서 200명 정도 타는 강선으로 바뀌어 속도가 많이 빨라졌다"고 덧붙였다. 그는 "팔미도 앞을 지나면 인천 쪽으로 눈에 띄는 건물이 올림포스호텔 하나밖에 없었다"며 "당시엔 인천항 도크가 없어 올림포스호텔 앞에 배가 닿았는데, 아직도 그때 모습이 생생하다"고 했다.

1964년엔 인천에서 만리포를 거쳐 제주를 연결하는 정기여객선 '은하호'가 취항했다. 은하호는 203t의 현대식 철선으로 길이가 40m, 너비 6.4m, 16노트의 빠른 속력을 가진 배였다. 정원은 210명이었는데, 당시만 해도 우리나라 최대의 여객선으로 소개됐다. 요즘 큰 축에 드는 하모니플라워호(인천~백령)의 규모가 2천100t 정도니 10분의 1 크기라고 할 수 있다. 인천과 제주 간 항로는 2014년 4월 300여 명

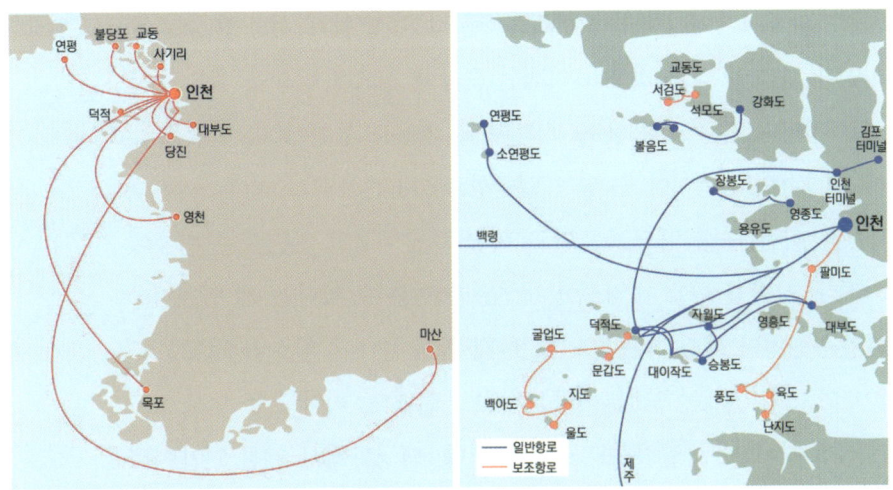

▲ 1953년 인천기점의 정기여객선 및 정기항로　　▲ 2017년 인천 여객선 항로도

의 희생자를 낸 세월호 침몰사고 이후 운항이 전면 중단됐다.*

　육상교통의 발달과 차량 보급은 인천과 충남 간 뱃길을 없어지게 한 주된 요인이었다. 경부고속도로가 생긴 이래, 각종 도로망이 확충됐고 자동차 보급 대수도 빠르게 증가했다. 꼬박 하루가 걸리던 게 차로 2~3시간 정도면 돼 인천~충남 간 여객선을 이용하려는 승객이 급격히 줄었고, 결국 항로가 없어졌다.

　인천의 여객선들은 지역과 지역이 아닌 섬과 육지를 연결하는 역할로 축소됐지만, 그 중요성은 변함없다. 인천과 각 섬을 잇는 14개 항로가 지난 30여 년간 비교적 큰 변화 없이 꾸준히 유지되고 있다. 1980년대까지만 해도 백령도와 연평도, 이작도와 장봉도 등을 연결하는 항로는 낙도보조항로로 분류됐다. 특히 운항에 11시간 걸리는

* 인천~제주 연안여객선은 2019년 말 운항을 재개할 예정이다.

백령도와 6시간이 걸리는 연평도는 한 달 다섯 차례 정도 운항할 뿐이었다. 승객이 적어 정부가 여객선 운항에 필요한 비용을 대는 구조였던 것이다. 덕적도와 용유도, 대부도, 영흥도 등은 30년 전에도 선사 자체적으로 운영할 수 있는 일반항로였다.

　시간이 갈수록 낙도보조항로 비중은 줄어들고 일반항로 비중이 커졌다. 그만큼 항로 수익성이 개선됐다고 볼 수 있다는 게 인천지방해양수산청의 설명이다. 80년대 14개 항로 중 8개 항로가 낙도보조항로였지만, 현재는 3개뿐이다. 백령도, 연평도, 이작도 등 낙도보조항로 노선이 모두 일반항로로 전환됐다. 백령도에서 인천 연안여객터미널로 오전에 출발하는 배는 선사의 적자 문제 등으로 2014년부터 2년 6개월 여 동안 운항하지 못하는 등 운영상 어려움을 호소했었다.

　2017년 인천 연안여객선을 이용한 사람은 147만 1천여 명이다. 인천해수청은 연도별로 증감은 있지만, 최근 10년간 꾸준히 이용 규모가 늘어나는 추세라고 설명했다. 정부와 자치단체의 요금 할인 정책 등으로 섬 관광객이 늘어나고 있다.

　인천해수청 관계자는 "섬으로 가는 연안여객선은 여전히 중요한 교통수단"이라며 "연안여객선을 타고 섬으로 가는 승객들을 대상으로 한 운임 지원, 섬 관광 활성화 등의 영향으로 연안여객선 이용객 수는 계속해서 늘어날 것으로 기대한다"고 했다.

한산해진 선착장 갈매기처럼 맴도는 섬 이야기

2018년 4월 6일 찾은 인천 석모도 석포 선착장은 한산한 모습이었다. 봄과는 어울리지 않는 추운 날씨와 강한 바람, 미세먼지는 선착장 분위기를 더욱 스산하게 했다. 2017년 석모대교가 개통하면서 외포리 선착장과 석모도를 연결하는 배편이 끊긴 이후 이런 모습은 일상이 됐다. 이곳에서 30년간 밴댕이젓과 순무김치 등을 팔아온 문유자(60) 씨는 "그전엔 수시로 배가 다녀 이곳을 드나드는 사람이 많아 물건도 잘 팔렸는데, 2017년 석모대교가 생기면서 이곳(석포)을 다니는 사람이 크게 줄었다. '나룻부리항시장'으로 새롭게 가꾸고 장사를 하고 있지만, 일부러 찾아야 하는 곳이 돼 오늘도 개시하기가 쉽지 않다"고 했다.

강화 외포리 선착장의 모습도 크게 다르지 않았다. 주문도와 아차도, 볼음도로 향하는 '삼보12호'를 기다리는 차량 몇 대와 10여 명의 사람이 작은 대합실을 지키고 있었다. 삼보12호는 석모대교 개통 이후 외포리 선착장의 유일한 정기 여객선이 됐다.

강화 석모도로 떠나는/ 외포리 선착장 카페리 고물에는/ 수많은 갈매기들의 윤무가 한창이다./ 사람들은 좋아라 새우깡을 던지고……

▲ 강화도와 석모도를 잇는 석모대교가 개통하면서 한산해진 강화 외포리 선착장.

/ (중략) 던져주세요, 우리에게 제발/ 그 맛있는 과자를!/ 대신 우리들은 그대들의 눈과 마음 즐겁도록/ 이렇게 춤을 추어드릴게요./ 사람들이 던지는 먹이에 이미 빠져버린/ 갈매기들은 바다에서 찾던 그들의 먹이를 잊고/ 노란 부리로 날쌔게 새우깡을 낚아채며/ 활강하고 또한 상승한다 아기 울음을 끼룩거리면서./ 바다 위로,/ 비루한 생의 곡예가 한창이다.

— 이수익 「나쁜 피」

현대문학상과 정지용문학상 등을 수상한 시인 이수익의 시에 나오는 '새우깡을 좋아하는 갈매기들'은 여전히 선착장 주변을 맴돌며 '비루한 생의 곡예'를 하는 듯했다. 새우깡을 던져줄 사람들을 찾지 못한 그들에겐 왠지 모를 허기가 느껴졌다.

1987년부터 외포리 선착장을 지켜온 삼보해운의 최경락 상무는 "석모대교 개통의 직격탄을 맞았다. 직원 수를 기존의 절반인 20여 명으로 줄였고 임금도 대폭 낮췄지만, 회사를 운영하기 어려운 상황"이라고 했다. "여객선 준공영제를 하게 되면 주문, 아차, 볼음도를 연결하는 노선을 포함해달라는 건의를 강화군에 해 놓은 상황"이라며 "여객선에 대한 정부 지원이 이뤄졌으면 하는 바람"이라고 했다.

외포리 선착장에서 만난 차춘자(77) 할머니는 "한평생을 볼음도에서 살았다"며 "이 배(삼보12호)는 여전히 섬사람들에게 중요한 교통수

▼ 석모대교 개통 직전 외포항에서 출발한 정기선이 석모도로 향하고 있다.

🔺 석모대교 개통 전 강화와 석모도를 오가는 정기선에서 차량들이 나오는 모습(좌). 삼보12호가 외포항에서 주문도와 아차도, 볼음도에 들어가는 승객들을 기다리며 대기하는 모습(우).

단"이라고 했다. 그는 "풍선(돛단배)을 타고, 연락선도 타던 시절보다 배 타는 환경이 많이 좋아졌는데, 볼음도를 오가는 배가 더 자주 다녔으면 하는 바람은 늘 있다"고 했다.

섬과 육지가 다리로 연결되고 육상 교통수단이 발달하면서 운항을 멈추는 항로가 생기고 있지만, 차춘자 할머니의 말처럼 인천의 연안여객선은 여전히 중요한 교통수단일 수밖에 없다. 그 속엔 섬과 육지를 잇는 다양한 삶의 이야기가 담겨 있기도 하다.

1980년대 후반만 해도 인천과 백령도를 오가는 배편이 일주일에 2~3회 정도에 불과했다. 시간도 지금보다 두 배 이상 긴 10시간이나 걸렸는데, 백령도를 출발해 인천으로 향하던 배 안에서 임산부가 아이를 낳는 경우도 있었다. 휴가철 덕적도를 찾은 50대 남성이 인천으로 돌아가는 배 안에서 심장마비 증세로 쓰러졌는데, 자동심장충격기를 활용한 선장 이하 선원들의 신속한 응급조치로 간신히 목숨

🔺 인천 연안여객터미널에 정박 중인 정기여객선 모습.

을 건질 수 있었다. 북한의 연평도 포격이 있었던 2010년엔 놀란 주민들을 육지로 실어나르는 피난선 역할을 연안여객선이 했다.

백령도와 연평도, 덕적도 등 섬을 연결하는 케이에스해운㈜ 황성만 대표는 "섬 주민들이 자동차 부품을 구해달라고 하면 어떻게든 구해서 전해주고, 생필품도 구해주면서 정이 쌓였다"며 "섬 주민들의 소소한 일상까지 많이 알게 됐다"고 했다. 연안여객선이 승객뿐만 아니라 정도 함께 실어 나르는 역할을 한 것이다. 해운업에 종사한 지 34년째라는 그는 배가 끊기면 섬을 오가는 주민과 관광객들의 발이 멈출 수밖에 없는 만큼 정해진 시간에 정해진 노선을 운항하는 게 필수라고 강조했다. 섬 주민에 대한 책임감과 사명감이 지금껏 해운업을 할 수 있었던 가장 중요한 이유라고 그는 설명했다.

인명 사고의 아픔은 인천 연안여객선도 예외일 수 없었다. 1949년

10월 추석 전날 인천에서 강화도로 향하던 '평해호平海號'가 작약도 부근에서 전복돼 70여 명이 숨졌다. 당시 이 배에는 정원(50명)보다 4배 많은 200여 명이 타고 있었다고 한다. 1963년 2월엔 인천을 떠나 강화 교동도로 가던 '갑제호'가 유빙에 부딪혀 침몰하고 승객 6명이 숨진 사고가 발생했다. 1986년 11월에는 외포리를 출발해 석모도로 향하던 '카페리2호'가 전복돼 12명이 숨지고 16명이 실종됐다. 인천항을 출발해 제주도로 향하던 '세월호' 침몰 사고의 추모 분위기는 지금까지도 계속되고 있다.

연안여객선 선원들의 고령화는 요사이 업계의 가장 큰 고민거리 중 하나다. 토요일과 일요일, 명절 따로 없이 매일 운항해야 하고 바람 같은 기상 문제로 마음을 졸여야 하는 게 현실인 상황에서 젊은 직원들이 버텨 내지 못한다는 것이다. 50명 가까운 선원이 근무하는 한 연안해운사의 경우, 근속 기간이 30년 이상 된 직원이 절반을 넘는다. 60세 정도가 그나마도 젊은 축에 든다고 한다.

업계 한 관계자는 "주말도 없이 일해야 하는 힘든 환경 탓에 젊은 이들이 선원 일을 하지 않으려 한다. 들어와도 몇 개월을 못 버티다 나간다"고 했다. 이어 "선원들에 대한 사회적 인식이 낮은 것도 선원 수급이 어려운 원인 중 하나"라고 했다. 그는 "선원으로 일하는 사람에게 병역 면제 혜택을 주는 등 젊은이들이 관심을 가질 수 있도록 유인책이 필요하다. 아니면 외국인 근로자라도 쓸 수 있도록 정부가 방안을 마련해야 한다"고 했다.

한중 바닷길 잇는 **한중카페리**

한중 교역 물꼬 튼
'서해 황금가교'

인천공항에서 중국 산둥성山東省 웨이하이威海까지는 비행기로 1시간 남짓 걸린다. 하지만 인천항에서 한중카페리를 타면 14시간이나 소요된다. 누가 바다에서 그렇게 긴 시간을 허비할까 싶지만 2017년에만 13만 6천605명이 한중카페리를 이용해 인천과 웨이하이를 오갔다.

2018년 9월 15일 오후 6시께 인천 내항 1부두. 길이 196m, 너비 27m 크기의 대형 카페리선 '뉴골든브릿지7'호(3만 1천 t 급)에 올랐다. 이 배는 한중카페리 가운데 처음으로 우리나라 기업인 현대미포조선에서 건조한 신조선新造船이다. 그동안 한중 노선에 투입된 카페리들은 중국에서 건조됐거나 중고 선박이 대부분이다. 한중카페리선사 위동항운의 새 카페리선 뉴골든브릿지7호는 기존에 운영하던 2만 6천 t 급 카페리선 '뉴골든브릿지2호'보다 길이가 10m가량 길고, 너비도 3m 정도 넓다. 컨테이너도 2호보다 30TEU 많은 325TEU를 실을 수 있다.

▲ 뉴골든브릿지7호 전경과 내부 모습. 인천항 갑문을 통과 중인 뉴골든브릿지7호.

◀ 인천항 제2국제여객터미널에서 승객들이 중국 산둥성(山東省) 웨이하이(威海)행 한중카페리 뉴골든브릿지7호에 승선하고 있다.

오후 7시가 되자 '두드르릉' 소리와 함께 선체 엔진이 돌았다. 갑판 위에 서자 상큼한 바람이 얼굴을 스쳤다. 배에 오른 승객들은 새로운 선박을 구석구석 살펴보고, 휴대폰으로 사진을 찍느라 여념이 없었다.

선상에서 만난 위동항운 윤태정(56) 수석사무장은 1992년부터 한중카페리에서 근무한 베테랑이다. 그는 "1990년 인천과 웨이하이를 잇는 한중카페리가 처음 출항한 이후 승객 구성이 크게 3번 정도 바뀌었다"고 설명했다.

한국과 중국의 서해 뱃길을 운항하는 한중카페리는 1990년 9월 15일 처음 운항했다. 한중 뱃길은 중국에 공산당 정부가 들어선 1949년 이후 완전히 단절된 상태였다. 당시 중국에 가려면 홍콩을 거쳐야 했다. 한중 수교(1992년)가 맺어지기 2년 전 최초의 여객 직항로인 '인천~웨이하이 카페리 항로'가 생겼다. 윤 사무장은 "비용도

▲ 인천항 제2국제여객터미널 출국장에서 승선을 기다리는 보따리상.

싸고 비자를 미리 받지 않아도 돼 한국 관광객이 많이 몰렸다. 초창기에는 배표를 구하기 어려워 한 달씩 대기해야 할 정도였다"고 말했다. 한중카페리 한국인 승객은 중국 현지에서 비자를 발급받을 수 있다.

중국과의 하늘길도 열리면서 카페리를 이용하는 관광객이 점차 줄어들자, 그 빈자리를 채운 승객이 '보따리상'이다. 초기에는 한국 보따리상이 많았는데, 지금은 중국 보따리상이 더 많다는 게 윤 사무장의 설명이다. 이날 인천항을 출항한 뉴골든브릿지7호도 전체 승객 624명 가운데 중국 보따리상이 199명에 달했다.

배가 출항하자마자 중국 보따리상들은 객실이나 복도, 계단 아래 등에서 자신이 산 면세품의 포장을 뜯어 가방에 담기 시작했다. 중국 세관은 1인당 가방 한 개(50kg) 분량에 대해서만 관세를 면제하기 때문이다. 이를 초과하면 반입품을 빼앗거나 일반 화물보다 더 비싼 금액의 세금을 부과한다는 게 중국 보따리상들 얘기다. 배가 출항한 지 1시간밖에 되지 않았지만 쓰레기를 모으는 선미에는 면세품 쇼핑백과 포장지를 담은 10ℓ 크기의 비닐 봉투 60여 개가 쌓였다.

중국인 보따리상 류웬차오(45) 씨는 "카페리는 한국에서 산 물건을 재포장할 공간이 넓은 데다 휴대할 수 있는 수하물 무게가 많다. 보따리상 대부분이 시간이 오래 걸려도 한중카페리를 이용한다"고 말했다.

최근에는 한국 단체관광객도 상당히 늘었다고 한다. 이날 뉴골든브릿지7호에 탄 조순학(67) 씨는 1997년부터 한중카페리를 타고 중국을 여행했다. 그와 함께 배에 탄 친구 5명도 한중카페리로 중국을 여행하다 만났다고 한다.

조 씨는 "젊은 사람들이야 빨리 목적지에 도착해야 하지만, 우리처럼 시간이 많은 사람은 서두를 필요가 없다. 배에서 편하게 있다가 오랜만에 만난 사람들과 맥주 한잔을 할 수 있는 여유를 가질 수 있는 게 카페리의 장점"이라고 말했다. 조 씨를 만난 시간은 자정이 넘은 늦은 시간이었지만, 테이블에 둘러앉아 편의점에서 산 캔맥주를 마시는 사람들이 곳곳에 눈에 띄었다.

그는 "선박 여행이 비행기보다 월등한 점은 역시 발 뻗고 편히 쉴 수 있다는 것"이라며 "2인 객실은 화장실과 욕실이 있어 호텔과 별 차이가 없다. 따뜻한 물로 샤워한 후 침대에 누우면 약간의 흔들림에 저절로 깊은 잠에 빠진다"고 말했다.

인천은 예나 지금이나 중국 교역의 중심 도시다. 인천 연수구 옥련동 '능허대공원'. 이 공원에서 옥련사거리 방면으로 조금만 걸으면 인천시 기념물 제8호 '능허대 터'가 나온다. 378년 삼국시대 백제 근초고왕이 중국과 교역할 때 사신들이 출발한 '나루터'다. 백제 사신들은 인천~덕적도~중국 산둥반도에 이르는 '등주항로'라는 해상 루트를 다녔다. 한중카페리 최초 항로(인천~웨이하이)와 비슷한 경로를 1천600여 년 전에도 이용한 셈이다.

1883년 개항 이후 인천항과 중국과의 해상 교역이 다시 시작된다. 당시 인천항의 첫 국제정기항로는 상하이를 오가는 배였다. 인천시가 1983년 발간한 『인천개항 100년사』에 따르면 1883년 초부터 청국 상하이초상국上海招商局의 '난성南陞호'가 매달 1~2차례 상하이~인천을 정기 운항했다. 이 배는 이듬해인 1884년 10월 운항을 중단했지

▲ 1990년 9월 한중 최초로 개설된 카페리 항로인 인천~웨이하이를 운항했던 골든브릿지호 (좌)와 항로 개설 당시 인천에서 열린 기념행사(우). /위동항운 제공

만, 청국 상하이초상국은 1888년 3월 '광제廣濟호'를 상하이~인천 항로에 다시 투입했다.

한중 뱃길은 1990년 웨이하이와 연결되면서 다시 열렸다. 이후 1992년 인천~톈진天津 등 여러 한중카페리 항로가 추가로 개설됐다. 현재 인천항에서만 단둥, 옌타이, 다롄, 스다오, 잉커우, 칭다오, 롄윈강, 친황다오 등 10개 항로에서 카페리가 운항 중이다. 평택·군산에서 중국을 오가는 카페리 항로는 6개다.

"25년 전 웨이하이에서 인천으로 오는 '황금가교(골든브릿지)호'의 기적 소리를 시작으로, 한중 간 새로운 우정의 항해가 시작됐다."

2015년 11월 서울에서 열린 한·중·일 비즈니스 서밋 축사에서 리커창李克强 중국 총리가 연설한 내용 일부분이다. 이처럼 한중 간 인적·물적 왕래의 물꼬를 튼 위동항운 임직원들은 큰 자부심을 가지고 있다.

윤태정 사무장은 "인천과 산둥반도를 오가는 카페리를 3천 번 정도 탔다. 지난 28년 동안 한중 양국이 큰 이익을 거두는 데 작은 힘이나마 보탰다는 긍지와 자부심을 느낀다. 최근 항공기 운항이 늘면서 카페리가 어려움을 겪고 있지만, 차별화된 서비스를 제공해 한중 뱃길의 역사를 이어갈 수 있도록 최선을 다하겠다"고 말했다.

작은 어촌을 FTA거점으로 띄운 '韓中 교역 시작점'

"웨이하이는 한국인들이 만든 도시입니다."
중국 산둥성 웨이하이시에서 만난 위동항운 중국 측 관계자는 웨이하이에 대해 이같이 말했다. 그는 "인천과 웨이하이를 오가는 한중카페리가 만들어지기 이전에는 웨이하이에 고층 건물은 15층 규모

의 '웨이하이 호텔' 하나밖에 없었다"며 "이마저도 한중카페리 개통으로 늘어나는 관광객을 수용하기 위해 지어진 것"이라고 설명했다. 그는 "한중카페리 개통 이후 한국 기업들의 진출이 이어지면서 대규모 아파트 단지가 조성되고, 유통가가 생겨나기 시작했다"며 "지금의 웨이하이 모습을 만든 것은 한국인들"이라고 강조했다.

🔺 1990년 9월 인천~웨이하이 카페리 항로 개설 당시 웨이하이 부두 모습.
/위동항운 제공

2018년 9월 16일 찾은 웨이하이 모습은 마치 우리나라의 한 도시를 보는 것 같았다. 인천~웨이하이 카페리가 내리는 '웨이하이 신국제여객터미널'에서 차로 30분 거리에 있는 위고광장에 도착하자 곳곳에 한국어로 된 간판이 눈에 띄었다. 광장 중심에는 롯데백화점이 자리 잡고 있었고, 주변에는 우리나라 유명 커피 브랜드나 외식 업체

🔻 중국 산둥성 웨이하이에 조성된 대형쇼핑몰 한국보세교역센터 일대 모습. 한국어로 쓰인 간판과 한국화장품 판매장 등을 쉽게 볼 수 있다.

가 줄지어 있었다.

　위고광장에 위치한 주중 인천(IFEZ·인천경제자유구역) 경제무역대표처 고경욱(51) 부대표는 "한중카페리가 개설된 이후 웨이하이는 중국 산둥성의 물류 전초기지 역할을 하고 있다"며 "웨이하이 시민들에게 한국은 지역경제를 활성화해준 고마운 나라라는 인식이 강하다"고 말했다.

　웨이하이시가 조성한 '한러팡韓樂坊'은 한국을 그대로 옮겨 놓은 모습이다. 쇼핑복합문화센터와 한인타운을 결합한 한러팡은 한국

▲ 쇼핑복합문화센터와 한인타운을 결합한 한러팡 일대에는 인삼, 장승 등의 조형물들이 있어 민속촌에 온 듯하다.

화장품 판매장, 영화관, 한국식 야시장 등이 운영되고 있다.

한국상품전시교역센터라는 대형 쇼핑몰이 눈길을 끌었고, 골목마다 한국어로 쓴 간판이 넘쳐났다. 한러팡 입구에는 돌하르방과 장승 등이 놓여 있었고, 중국인들에게 큰 인기를 끌고 있는 '치맥' 가게가 곳곳에 있었다. 심지어 국내 대형 중국 음식 프랜차이즈도 이곳에 진출해 있었다. 야시장이 운영되는 주말 밤이 되면 사람이 많아 길을 걸어가기 어려울 정도라고 한다.

한국상품전시교역센터에 들어서자 국내에서 생산한 과자와 생활용품, 화장품 등이 판매되는 가게가 줄지어 있었다. 이곳에서 화장품 판매장을 운영하는 왕리 씨는 "사드 배치 등으로 한국에 대한 중국 내 감정이 나빠졌지만, 화장품 등 한국에서 생산된 물건에 대한 수요는 계속되고 있다"며 "일반 중국 제품보다 가격이 조금 높은 편이지만, 많은 중국인이 찾고 있다"고 했다.

한국과 웨이하이는 매우 가까운 도시다. 웨이하이시에서 한국 공

▼ 한국상품전시교역센터 내 매장 모습과 위고광장에 위치한 주중 인천관 내부 모습.

해까지 거리는 174㎞밖에 되지 않는다. 인천에서 강원도 춘천까지 정도의 거리로, 차를 타면 2시간이면 도착할 수 있다. 이 때문에 '산둥성에서 닭 우는 소리가 인천에서 들렸다'고 말할 정도다.

한중카페리가 개설되기 전인 1990년대 초만 해도 인구 20만 명의 어촌이었던 웨이하이는 인천과 뱃길이 열린 뒤 280만 명이 넘는 대도시로 급성장했다. 2015년에는 중국 내 쟁쟁한 도시들을 제치고 인천과 함께 한중 자유무역협정(FTA) 시범도시로 지정됐다.

한국과 뱃길이 열리고 눈부신 성장을 이룬 웨이하이에는 한때 한국 기업이 1천800개, 교민 수가 6만 명에 달했다. 자그마한 어촌이었던 웨이하이는 한중카페리가 개설되고 대도시로 변신하기 시작했다는 게 전문가들의 설명이다.

인천연구원 김수한 연구위원은 "웨이하이가 성장할 수 있는 물꼬를 튼 것은 한중카페리"라며 "산둥성 내에서도 작은 도시에 불과했던 웨이하이가 대對 한국 교류에 거점으로서의 위상을 얻었다"고 했다. 2008년 중국에서 신노동법이 발효된 이후 인건비 상승으로 노동집약형 업종은 인건비가 싼 베트남, 캄보디아, 미얀마 등지로 이전했다. 하지만 현재 700여 개 기업과 1만 8천여 명의 교민은 아직 웨이하이에서 살고 있다.

한중카페리는 인천항 성장에도 큰 영향을 끼쳤다. 수도권의 관문이지만, 부산에 밀려 항로 개설이 어려웠던 인천항은 한중카페리 개설을 계기로 대 중국 수출 중심 항만으로 성장할 수 있었다. 청운대 이상용 교수(글로벌경영학과)는 "1990년 이전에는 사실상 인천항에는 정기 항로가 없었다. 이 때문에 수도권 지역 공단에서 생산한 화물을 철도나 화물차로 부산까지 운송해야 했는데, 시간이 오래 걸릴 뿐만 아니라 비용도 비쌌다"고 말했다. 이어 "한중카페리가 생기고 나서 항차 수도 늘었고, 항로가 다변화됐다"고 덧붙였다. 2018년 9월 기준 인천항의 정기 컨테이너 항로는 49개며, 이 가운데 중국을 오가는 항로는 23개다.

한중카페리는 현재 큰 위기를 맞고 있다. 2017년 3월 사드 한반도 배치에 따른 중국 정부의 금한령 이후 줄어든 여객 수는 예년 수준을 회복하지 못하고 있다. 항공 수송의 증가로 화물 수도 점차 감소하고 있다. 이 때문에 한중카페리 발전을 위한 새로운 활로를 찾아야 한다는 목소리가 업계 내부에서도 나온다.

유현재 위동해운 인천사무소장은 "신조선 건조 등 한중카페리를 고급화하는 것이 현재의 어려움을 타개하는 대책이라고 생각한다. 한국과 중국의 발전을 이끌었던 한중카페리가 새로운 도약을 할 수 있도록 다양한 방안을 찾고 있다"고 했다.

남북극 연구 전초기지 **'아라온호'**

두터운 빙벽 뚫고 정진하는 바다실험실

2018년 7월 16일 오전 인천 내항 제1부두 12선석. 19일 모항母港인 인천항을 떠나 아홉 번째 북극 항해에 나서는 '아라온'호가 정박해 있었다. 단단한 얼음에 끄떡없는 특수 강철 소재의 새빨간 뱃머리에는 '바다'와 '모두'의 순우리말 합성어인 '아라온'이 흰색 글씨로 선명하게 찍혀 있었다. 승무원들은 북극까지 가는 20여 일 동안 80여 명의 탑승자가 사용할 물품과 연구 장비를 싣느라 정신없이 움직였다.

아라온호는 국내에 단 하나뿐인 쇄빙선碎氷船·Ice Breaker이다. 7천487t 규모의 아라온호는 2004년 순수 국내 기술로 설계를 시작해 2009년 6월 진수됐다.

극지연구원들은 1992년부터 쇄빙선 건조의 필요성을 정부에 수차례 건의했다. 연구 활동뿐만 아니라 기지와 외부를 오가는 이동 수단이 고무보트밖에 없어

월동연구대원들의 안전이 위협받고 있었기 때문이다. 인천 송도국제도시 소재 극지연구소 윤호일 소장은 "남극 기지에 물자를 보급하고, 남극 여러 지역을 오가며 연구하기 위해서는 반드시 쇄빙선이 필요했었다. 그러나 '배 한 척 만드데 큰돈을 쓰는 것은 바람직하지 않다'는 의견이 많아 번번이 좌절됐다"고 설명했다.

정부가 전격적으로 쇄빙선 건조에 나선 건 2003년 남극에서 발생한 고故 전재규 대원의 사망 사고 때문이다. 전재규 대원은 한국해양연구원 소속으로 이해 남극세종과학기지 제17차 월동대원으로 활동했는데, 12월 조난당한 대원 3명을 찾으러 나섰다가 보트가 전복되

▲ 고(故) 전재규 대원이 남극 17차 월동연구대원으로 참여했을 때 대원들과 함께 기념 촬영한 모습. 앞줄 오른쪽에서 네 번째가 전재규 대원. /극지연구소 제공

면서 순직했다. 그의 나이는 27세였다. 당시 월동대 대장으로 전재규 대원과 함께했던 윤호일 소장은 "당시 구조팀은 모두 특수 부대원 출신으로 구성됐지만, 보트에 탑재된 GPS 장비를 다루기 위해서는 전재규 대원이 반드시 포함됐어야 했다. 구조팀이 출발하기 전 '재규야. 너는 보트 밧줄을 꽉 잡고 있어야 한다'고 당부했는데, 그 모습이 마지막일 줄은 몰랐다"고 안타까워했다. 전재규 대원은 해양지리 전문가였다.

이 사고를 계기로 온 국민의 관심이 쏠렸다. 당시 노무현 대통령이 "우리나라 젊은이들은 국가를 빛내기 위해 극지에서 고무보트에 의존하다 사고가 났는데, 우리나라 정치인들은 뭐 하는 것이냐"고 말하며 쇄빙선 건조를 지시했다고 한다. 그제야 정부는 쇄빙선 설계 작업에 들어갔다. 당시 해양수산부 해양개발과장으로 근무한 임현철 해수부 항만국장은 "그해(2003년) 2월부터 예비타당성 조사를 통과시키기 위해 노력했는데, 경제성이 나오지 않아 애를 먹었다"며 "전재규 대원 사망 사고를 계기로 국민적 관심이 커지면서 쇄빙선 건조사업이 예비타당성 조사를 통과할 수 있었다"고 했다.

2009년 12월 인천항을 떠나 첫 항해에 나선 아라온호는 남극과 북극을 번갈아 가며 활동하고 있다. 남극 세종기지와 장보고기지, 북극 다산과학기지 등 상설기지에 연료, 굴삭 장비, 식량 등 물자를 보급한 뒤 탐사활동을 벌이는 게 주 임무다. 이를 수행하기 위해 아라온호는 두께 1m의 얼음을 깨며 3노트(시속 5.5km)로 운항할 수 있는 능력을 갖췄다. 선저(배의 아랫부분)에 달린 '아이스 나이프ice knife'가 얼음을 양옆으로 제쳐 연속으로 얼음을 깨며 전진할 수 있도록 만들어 준다. 후미에 달린 프로펠러 2개는 깨진 얼음이 다시 얼어 배에 엉겨 붙는 것을 막는다. 6천800마력에 달하는 대형 엔진 2개가 장착돼 있어 보통 배의 3~4배가 넘는 힘을 낸다. 최한샘(29) 아라온호 2등항해사는 "보통 선박보다 힘이 좋아 웬만한 얼음은 그대로 부수며 전진할 수 있다. 얼음 때문에 길이 막히면 후진하거나, 좌우로 수평 이동할 수 있는 기능도 갖고 있다"고 설명했다.

아라온호는 쇄빙 능력을 활용해 극지방 항해 중 조난당한 선박도 구조한다. 2015년 12월에는 남극 로스해에서 '이빨 고기(메로)'를 잡으러 가다 가로 15m, 세로 7m, 두께 2m의 유빙에 얹혀져 오도 가도 못하는 상황에 놓였던 '썬스타호'(628t 급)를 구조했다. 최한샘 항해사는 "유빙 위에 올라탄 뒤, 힘으로 얼음을 부수며 썬스타호에 접근해 구조했다. 우리나라 선원 7명을 포함해 37명이 배에 타고 있었는데, 모두 구할 수 있어 다행이었다"고 당시를 회상했다.

아라온호 내부에는 해수를 정밀 분석·보관하는 발틱룸Baltic Room을 비롯해 수족관, 생물연구실, 건식연구실, 지구물리실, 해수분석실, 화학분석실 등이 독립된 방으로 설치돼 있다. 그는 "아라온호 수준의 최첨단 연구시설을 갖춘 쇄빙선은 독일 '폴라르슈테른Polarstern·북극성'을 포함해 전 세계에 4척가량이 전부"라고 강조했다.

상설기지 물자 보급 이외에도 극지 연구에 배가 필요한 이유는 상설기지를 둘 수 없는 곳까지 접근해 연구 활동을 벌이기 위해서다. 북극은 학술적 연구만 허용된 남극과 달리 최근 온난화로 북극해 표면 얼음 두께가 얇아지면서 탐사 가능 범위가 늘었다. 이 때문에 선진국들은 자원 개발 등 북극의 경제적 가치를 선점하는 데 열을 올리고 있다. 쇄빙선을 가진 국가들은 경쟁적으로 '보물찾기'에 나서고 있다. 아라온호도 2016년 '불타는 얼음'으로 불리는 냉동 천연가스(가스하이드레이트)를 북극 동시베리아해에서 세계 최초로 발견했다.

현재 북극 영유권을 가진 나라는 미국, 캐나다, 러시아, 노르웨이 등 8개다. 이들로부터 정식 옵서버 자격을 얻은 12개국만이 북극 항로 및 자원 개발사업에 참여할 수 있다. 우리나라는 세 번의 도전 끝

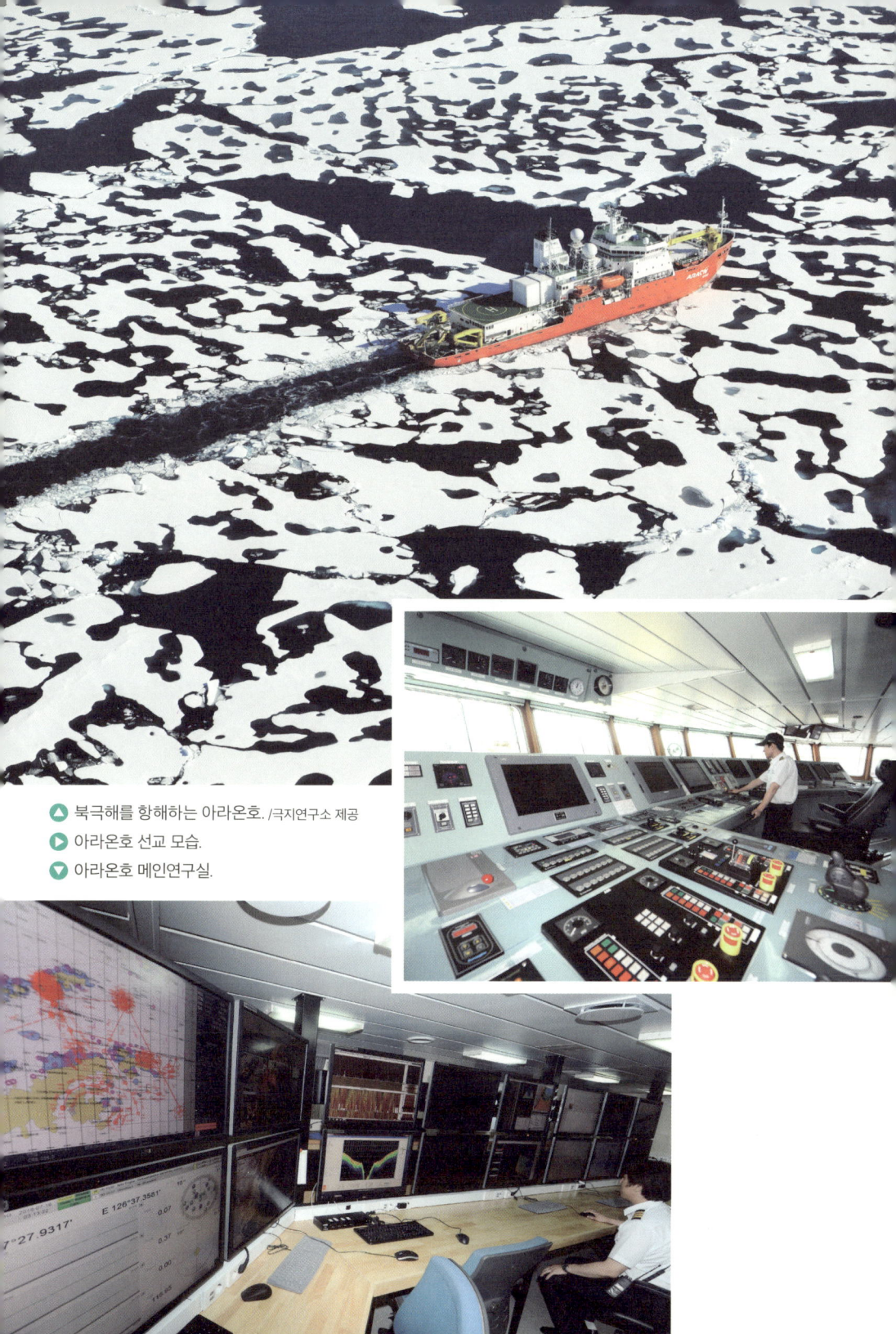

▲ 북극해를 항해하는 아라온호. /극지연구소 제공
▶ 아라온호 선교 모습.
▼ 아라온호 메인연구실.

에 2013년 중국, 일본 등과 나란히 옵서버에 합류했다.

윤호일 소장은 "아라온호는 1년에 300일 넘는 시간을 바다에서 보내고 있는데, 거리가 먼 북극과 남극을 오가다 보니 이동을 위해 소비하는 시간이 너무 길다"고 했다. 이러한 이유로 해수부와 극지연구소는 아라온호보다 큰 1만 2천 t 급 제2쇄빙선 건조를 추진하고 있다. 윤 소장은 "두 배가 남극·북극 탐사를 각각 전담하면 보다 효율적 연구가 이뤄질 것"이라고 했다.

선박건조 기술자

수많은 사연 이어붙인 작은 배, 물 위에 띄우다

상해로 가는 배가 떠난다.
저음의 기적, 그 여운을 길게 남기고
유랑과 추방과 망명의 많은 목숨을 싣고 떠나는 배다.
어제는 Hongkong, 오늘은 Chemulpo, 또 내일은 Yokohama로,
세계를 유랑하는 코스모폴리탄

— 박팔양 「인천항」 中에서

배는 '사람이나 짐 따위를 싣고 물 위로 떠다니도록 나무나 쇠로 만든 물건'이라는 사전적인 뜻이 있다. 삼면이 바다인 우리나라는 이러한 자연환경 때문에 예로부터 배를 만드는 기술이 발달했다. 지금은 대형 조선소가 있는 경남 거제시나 울산 등이 '조선업 도시'로 유명하지만, 인천도 1908년 지역 최초의 근대식 조선소가 설립된 이후 많게는 20여 개의 조선소가 배를 만들었다. 심지어 일제강점기에는 인천에서 소형 잠수함까지 건조된 적이 있다.

2018년 2월 26일 인천 동구 화수부두에 있는 ㈜디에이치조선을 찾았다. 인천 지역에는 현재 6개의 조선소가 있는데 모두 만석부두와 화수부두에 있다. 이곳에서 만난 김광국(51) 씨는 20여 년 전 고향인 강원도 정선에서 인천으로 왔다고 한다. 김 씨는 "삼촌이 인천에 가면 배를 만드는 일을 할 수 있다고 해서 올라왔다"며 "지금은 '인천에 무슨 조선소가 있나' 하고 생각하는 사람이 많겠지만, 예전에는 인천에도 유명한 조선소가 꽤 많았다"고 말했다.

이날 현장에서는 160t 급 예인선의 바닥 부분을 조립하는 작업이 한창이었다. 인천의 한 예선업체에서 주문한 것이다. 디에이치조선 전성선(58) 대표는 "수십억 원이 넘는 선박을 미리 만들어 놓고 팔리기를 기다릴 수만은 없다"며 "주문이 들어오면, 본격적인 설계 작업을 시작한다"고 했다.

설계 이후에는 도면에 따라 강판을 절단하는 작업이 진행된다. 과거에는 조선소 한쪽에서 산소절단기를 이용해 강판을 잘라냈지만, 10여 년 전부터는 외부 공장에서 가져온다고 한다. 이렇게 가져온 강판은 용접을 통해 이어 붙이게 된다. 이날 김 씨는 뒤집어진 선체 바닥 부분에 올라가 용접 작업에 열중하고 있었다. 김 씨는 "선박은 수백 개의 조각을 하나하나 붙이는 방식으로 만들어진다"며 "배의 완성도를 결정짓는 가장 중요한 요소는 용접"이라고 강조했다. "아무리 설계가 좋아도 용접이 제대로 이뤄지지 않아 머리카락 한 올만큼 구멍이 생긴다면 그 배는 금방 가라앉고 만다"고 덧붙였다.

4명의 직원은 엔진 등 선박 부품이 들어갈 공간을 만드는 작업을 하고 있었다. 내부에서 발생하는 먼지를 빼내기 위해 환풍기를 계속

🔺 야외 작업장에서 한파를 몸으로 이겨내며 용접 작업에 몰두하고 있는 근로자들.

돌리고 있지만 작업장에 들어가니 눈을 제대로 뜰 수 없는 지경이었다. 김 씨는 "여름이면 배 안의 온도가 48도까지 올라간다. 숨도 제대로 쉬지 못하고 일하는 경우가 많다"고 했다.

이러한 작업을 마치고 나면 용접한 부분을 매끄럽게 처리하는 작업을 진행한다. 지금은 그라인더(연삭기)를 이용해 이른바 '용접똥(슬래그)'을 잘라내지만, 예전에는 망치로 두드려 하나씩 떨어트렸다. 특별한 기술을 필요로 하는 작업이 아니었기 때문에 선박 건조 수요가

▲ 수많은 용접 작업 등을 거쳐 형체를 드러낸 160t 급 예인선.

많았던 1990년대 초반까지 조선소가 밀집된 이 동네 주민들의 겨울철 주 수입원이었다고 한다.

동구 만석동에서 30년 이상 거주한 여순초(60) 씨도 겨울이면 항상 조선소에서 일했다. 여 씨는 "겨울이면 어민들은 배를 타지 않았다. 이 때문에 조선소에서는 겨울이 되면 사람을 뽑는다는 공고를 냈다"고 말했다.

힘이 많이 필요한 일은 아니었기 때문에 여 씨와 같은 여성들도 조선소에서 일을 많이 했다. 배를 한 척 만들려면 40~50명의 근로자가 필요한데 그중에서 10명 정도는 여자였다는 게 여 씨의 설명이다. 여 씨는 "한겨울에 작업을 진행했기 때문에 무척 힘이 들었다. 조선소는 바닷가에 있었기 때문에 바람이 엄청나게 불었다. 선체를 잘못 만지면 철판에 손이 달라붙을 정도였다"고 했다.

용접을 마친 선체는 따로 조립한 선수 부분과 합쳐져 바다로 나가게 된다. 김 씨는 "예전에는 눈으로 확인했지만, 요즘에는 선박 안전을 위해 X-레이 검사도 실시한다"고 했다.

지금은 대부분 선박이 강화플라스틱(FRP)이나 철재로 만들어지고 있지만, 1980년대 중반만 하더라도 목선을 만드는 사람이 많았다. 나무를 이용해 배를 만드는 사람을 '배 목수'라고 불렀는데 바닷가 주변 지역에는 마을마다 꼭 한 명 이상의 배 목수가 있었다는 게 주민들 설명이다. 만석동에 사는 정연관(70) 씨는 "1980년대 중반까지 만석부두 입구에는 배 목수에게 나무를 파는 목재 야적장이 있었다. 배 목수들은 이곳에서 나무를 받아 부두 근처에서 커다란 배를 만들었다"고 했다. 또 "그 시절에는 배를 만들면 동네 사람들이 구경도 하고 때로는 농담도 하면서 참도 나눠 먹었다. 배를 진수하는 날이면 다들 모여서 축하해주고, 마치 자기 일인 것처럼 거들어주기도 했다"고 했다.

현재 대형 조선소들이 수주의 어려움을 겪기 시작하면서 디에이치조선 같은 소형 조선소도 설 자리를 빠르게 잃어가고 있다. 김광국 씨는 "대형 조선소에서 배를 만들려면 작은 배들이 달라붙어 근로자들을 실어주고, 필요한 장비도 날라줬다. 대형 선박 건조가 주춤하다 보니 작은 배에 대한 수요도 없어졌다"고 했다. 이어 "소규모 바지선 등 그나마 소형 조선소에서 만들던 배들도 전부 중국 쪽으로 넘어갔다"고 덧붙였다.

조선소들은 몸집을 점점 줄여나가고 있다. 디에이치조선도 상시 근무하는 현장 직원은 5명뿐이고, 선박을 수주받으면 일용직 근로자를 고용하고 있다. 사정이 이렇게 되자 조선소에서 일하겠다는 기술자를 찾기는 더욱 어려워지고 있다고 전성선 대표는 설명했다. 전 대표는 "우리 현장에서 가장 어린 기술자가 48살이다. 바다에 있는 배를 육지로 올리는 작업을 하는 기술자는 일흔 살이 훌쩍 넘었는데도 후임자를 구하지 못해 아직도 일하고 있다"고 했다.

배를 만드는 과정에서 발생하는 소음·먼지로 인한 민원으로 주거지역과 가까운 조선소는 더 힘들어지고 있다.

김광국 씨는 "인천에서 배를 만드는 것은 어쩌면 우리 세대가 마지막이 될지 모르겠다. 완전히 사라질지도 모르겠지만, 삼성이나 현대 등 대형 회사뿐만 아니라 우리처럼 작은 곳에서도 배를 만들었다는 사실을 많은 사람이 기억해줬으면 한다. 이것이 마지막 바람"이라며 씁쓸해했다.

거대한 꿈 띄웠던 조선소, 아파트 물결에 떠밀려나다

인천 앞바다를 떠다니는 수많은 선박은 어디서 만들어지고 수리할까?

전성선 대표는 "어선 정기검사 과정에서 할 수 있는 간단한 수리는 이곳에서 하지만 대부분 전남 목포 등 다른 지역에서 하고 있다. 중형 이상의 선박은 중국이나 부산에서 수리한다"고 했다. 인천에 규모가 큰 조선소가 없어서 어쩔 수 없이 다른 지역으로 배를 옮기는 것이다. 인천은 조수 간만의 차가 큰 데다 수심도 깊지 않아 대규모 조선소가 있기 어려웠다는 게 업계 관계자들의 설명이다. 1990년 11월 인천 영종도 인천조선소(한라중공업, 현 현대삼호중공업)에서 열린 컨테이너선 명명식에서 정인영 한라그룹 회장은 "현재 인천조선소의 여건이 간만의 차이가 10m 이상 나고 조선소 부지가 협소해 일정 규모 이상의 선박 건조는 물론 수리를 원만히 할 수 없다. 불리한 여건을 타파하고 대對 해외 전수 서비스를 강화하기 위해 조선소를 남해안으로 이전할 계획"이라고 했다. 한라중공업은 이듬해 전남 영암 조선소 부지를 사들여 1996년 이전했다.

이 같은 상황은 100년 전에도 마찬가지였던 것으로 보인다. 1932년 인천상공회의소는 조선총독부에 '인천에서도 대형 선박이 건조될 수 있도록 해달라'는 청원을 냈다. 인천상공회의소는 청원서에서 '인천지역 조선소는 소형선 수리도 어렵다 보니 인천의 배들이 부산이나 중국 다롄大連, 일본에 가서 수리하거나 건조하고 있다. 이는 인천뿐만 아니라 조선에도 막심한 손해이니 인천에서도 배를 건조할 수 있는 환경을 만들어달라'고 요구했다.

이 같은 인천지역 조선업 관계자들의 목소리는 1900년대 초반 인천에 조선소가 처음 설립된 이후 꾸준히 제기됐다. 1933년 발간된 『인천부사』를 보면, 인천지역 최초의 조선소는 러일전쟁 직후 건립된 '마쓰다 조선소光田造船所'다. 이곳에서 소형기선을 만들었다고 인천부사에 기록돼 있다. 1910년대에는 조선 자본으로 만들어진 인천 최초의 조선소 '인천철공소仁川鐵工所'가 문을 열었다. 인천철공소는 인천 내항 1부두와 갑문 사이에 있던 '사도'라는 섬 주변을 매립해 운

🔺 1910년대 인천철공소(仁川鐵工所)가 있었던 것으로 추정되는 위치. 사진 하단에 보이는 사도 부근에 있었을 것으로 추정되고 있다. /김용하 전 인천발전연구원 선임연구위원 제공

영했던 것으로 추정되고 있다. 이곳에서는 200t 미만의 배를 만들고, 500t 미만의 배를 수리했다. 당시에도 대형 선박 건조가 어려워 인천상의는 조선총독부에 이러한 부분을 개선해달라고 요구했다고 한다.

인천에서 선박 부품이 본격적으로 만들어지기 시작한 것은 중일전쟁 때문이다. 대륙 진출에 중점을 뒀던 일본은 인천에 선박 부품 제작과 조선을 동시에 진행할 수 있는 회사를 설립하는데, 이것이 1937년 6월 설립된 '조선기계제작소'다. 배석만 부산대학교 한국민족연구원 전임연구원이 쓴 논문(「일제시기 조선기계제작소의 설립과 경영」)에 따르면 조선기계제작소에서는 소형선 엔진으로 사용하던 200마력과 380마력 '야끼다마(燒球·hot bulb)' 엔진을 주로 생산했다. 이곳에서 생산한 엔진은 해방 이후에도 어선 등에 부착돼 사용됐다.

해방 이후 침체기를 맡았던 인천지역 조선업은 1970년대를 지나

▲ 인천시 동구 만석동 태항 조선소에서 선박 수리 작업을 하고 있다.

면서 본격적으로 발전했다. 『인천상의 120년사』에 따르면 1970년대 초 인천에는 국제실업과 인천조선공업 등 대규모 조선업체가 있었다. 국제실업은 4천500t 급, 인천조선공업은 2천400t 급 선박을 건조할 능력을 갖추고 있었다. 1977년에는 한라중공업이 인천 영종도에 인천조선소를 설립했다. 이곳에서 일했던 김광국 씨는 "인천조선소에서 일하는 직원만 200명이 넘었고, 배를 만드는 장소는 초등학교 운동장 4~5개를 합친 것만큼 컸다. 이곳에서 4만 t 급 선박까지 만들었다"고 기억했다.

선박을 건조하는 조선소뿐만 아니라 배를 수리하는 철공소도 많았다. 1980년대 초반까지만 해도 만석부두와 화수부두를 중심으로 철공소가 많았다.

1982년부터 인천 동구 화수동에서 횟집을 운영하는 이관국(67) 씨는 "80년대에는 만석부두와 화수부두가 인천의 중심이었다. 지나가는 강아지도 만 원짜리를 물고 다닌다고 말할 정도였다"고 웃으며 말했다. 이어 "이곳(화수부두)에 배를 대는 어선이 수백 척에 달했다"며 "큰 조선소에서는 어선을 수리하지 않았기 때문에 동네에 있는 철공소가 모든 수리를 담당했다"고 했다. 만석동 조선기계제작소 사택에서 3살 때부터 사는 정연관(70) 씨는 당시 이곳 주변의 모습을 정확히 기억하고 있다. 정 씨는 "대우중공업(조선기계제작소 후신)에서 나오는 엔진은 매우 비쌌기 때문에 어선이나 목선에서 사용하기 어려웠다. 고장이 나면 수리비가 너무 비쌌다. 철공소에서 엔진과 비슷한 모형으로 부품을 만들어 어민들에게 팔았다"고 했다.

세월이 지나 철공소가 있던 자리는 횟집 등 식당들이 차지하고 있다. 울퉁불퉁하고 흙먼지가 날리던 도로는 포장도로가 됐다. 연안부

▲ 어선을 수리하던 철공소들이 자리 잡았던 화수부두.

두가 생기면서 어선들이 옮겨가고, 어획량이 줄면서 그나마 남아있던 어선들도 운항하지 않게 됐다. 배가 떠다니지 않으니 자연스레 철공소도 사라졌다. 정 씨는 "만석부두 입구 주변 지역이 지금은 다 매립됐지만, 당시에는 (거기까지) 배가 들어왔다"며 "옛날에는 화수부두와 만석부두에 20여 개의 철공소가 있었지만, 차츰차츰 없어지더니 모두 사라진 지 오래됐다"고 했다.

인천조선소가 1996년 전남 영암으로 이전하고 2007년 영종하늘도시 개발이 시작되면서 영종도에 있던 대형 조선소들도 문을 닫게 됐다. 이들이 있던 자리는 호텔이 들어서거나 대규모 아파트 단지로 변해 버렸다. 현재 인천에는 만석부두와 화수부두 주변에 6개 조선소만 남아 있다. 영종도 조선소에서 일하던 기술자 일부는 만석부두·화수부두로 옮겨왔지만, 대부분은 조선소를 따라 전남 목포나 부산 등 다른 도시로 떠났다. 인천에서 선박 건조 일을 하는 사람은 100명 남짓일 것이라는 게 업계 관계자들의 설명이다.

인천에 남아 있던 중소형 업체들은 2006년 서구 청라국제도시 인근 거첨도 앞 해상을 매립한 부지(17만 5천 ㎡)에 선박 수리·조선 시설을 설치하겠다는 계획을 세웠다. 하지만 소음과 분진 등 환경 피해를 우려하는 인근 주민들의 반발로 추진이 어려운 상황이다.

물류 거점 인천항

인천항과 **화주**

국제물류 주선업 **포워더**

항만과 함께 성장한 **선사**

인천항 향토하역사 **선광**

인천항 향토하역사 **영진공사**

인천항 향토하역사 **우련통운**

컨테이너와 컨테이너 수리업

제2의 공장 **창고**

인천의 산업역군 **화물차**

인천항과 **화주**

화물과 함께 항만경제 움직이는 '교역의 큰 손들'

'화물貨物'이란 '운반'을 전제로 하는 물건을 뜻한다. 다른 곳으로 옮기기 위해 꾸려둔 물건이라는 점에서 구매한 순간부터는 구매자가 곧 '화주貨主(화물의 주인)'가 된다. 뉴질랜드에서 벌목한 소나무가 있다고 하자. 이 나무는 화주의 주문과 동시에 베어져 원목 형태로 선사에 전달된다. 인천항에 도착한 화물은 하역 작업을 거쳐 화주 업체로 옮겨진다. 원목은 방역과 가공 작업을 통해 제재목으로 만들어진다. 제재목은 건설현장의 거푸집, 목재제품 등에 활용된다. 이때 화주는 화물을 '어떻게 효율적으로 저렴하게' 주고받을 수 있을지 끊임없이 고민한다.

인천항을 이용하는 화주들은 더 빠르고 안정적으로 물건을 보내기 위해 항 인근에 터를 잡거나 직접 전용부두를 조성했다. 새로운 형태의 부두를 만들기도 했다.

2018년 7월 20일 오전 10시게 인천 서구 가좌동에 위치한 ㈜아주목재 작업장. 뉴질랜드에서 수입한 소나무 원목 1천여 t이 북항에서

🔺 인천시 서구 ㈜아주목재 야적장에서 크레인이 화물차에 실린 뉴질랜드산 원목을 내리고 있다.

◀ 선별된 원목을 제재목으로 가공하고 있다.

🔻 이렇게 가공한 제재목은 전국으로 공급된다.

하역돼 작업장으로 들어오고 있었다. 원목들은 방역을 거쳐 품질에 따라 선별된 후 컨베이어 벨트에 올려졌다. 굉음과 함께 이리저리 깎인 원목은 1~2분여 만에 얇고 긴 제재목이 됐다. 이렇게 연간 18만여 t의 원목은 이곳에서 제재목으로 탄생해 전국에 공급된다. 북항 목재부두와 작업장 사이 거리는 불과 3.5㎞. 1999년 남동국가산업단지에서 시작한 인천 향토 기업 아주목재는 북항이 설립되던 시기에 맞춰 2008년 이곳에 터를 잡았다. 목재 업체는 대부분 원목을 수입해 가공·제조하는 경우가 많은데, 화물의 무게가 제법 나가 항에서 멀어질수록 물류비가 많이 든다. 북항 목재단지 인근 등 서구지역에 목재 업체가 집적해 있는 이유가 이 때문이다. 북항 목재부두에는 지난 한 해 90여만 t의 목재가 처리돼 전국 항구 중 가장 많이 목재를 취급했다. 아주목재 백남철 전무는 "호황기에는 목재를 납품해달라는 사람이 너무 많아 사우나에 숨어 있을 정도였다. 인천항을 중심으로 목재 업체가 집적해 있으면서 인천의 목재산업도 더 빠르게 발달했다"고 말했다.

그러나 폐목재로 인한 연안 오염, 톱밥에 의한 날림먼지 등으로 업계 자체는 '애물단지'처럼 여겨지기도 했다. 백 전무는 "주민들이 '골칫거리'처럼 생각하는데 억울하기도 하다"며 "잡화·공산품 위주의 컨테이너 화물 화주는 주로 인천항을 통과해 다른 지역으로 나가지만, 원목과 같은 원자재(벌크·bulk) 화물 화주들은 인천항 인근에서 고용을 창출하고 지역경제를 이끌고 있단 것도 봐줬으면 좋겠다"고 말했다.

중소형 화주들이 인천항을 중심으로 모였다면, 직접 전용부두

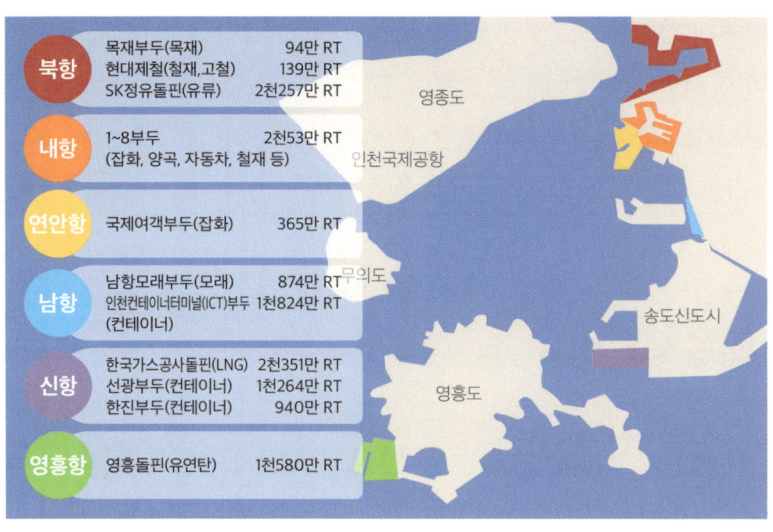

▲ 인천항 부두별 물동량(2017년)

를 조성해 인천항의 이점을 극대화한 대형 화주들도 있다. 대표적으로 현대제철, 동국제강, SK인천석유화학과 같은 인천의 대기업은 각각 현대제철부두, 동국제강 고철부두, SK정유돌핀이라는 전용부두를 통해 원료를 들여 사용하고 있다. 한국가스공사, 한국남동발전(영흥화력발전소) 등 공기업도 각각 인천항 전용 돌핀을 통해 물류비를 절감한다. 이 중 물동량이 가장 많은 전용부두는 SK인천석유화학 정유돌핀이다. SK인천석유화학은 2017년 2천257만여 RT(운임톤)의 유류를 수입했다. 영흥돌핀은 유연탄 1천580만 RT, 현대제철부두는

철재·고철 1천393만 RT, 동국제강부두에서는 철재·고철 95만 RT가 처리됐다. 현대제철 관계자는 "전용부두가 있기 전에는 화물차가 (북항에서 이동 중) 도로에 철근을 떨어뜨려 민원이 들어오는 불편함이 있었는데, 전용부두가 생기면서 물류비 절감 효과는 물론 재고 관리도 체계적으로 가능해졌다. 인천항은 수도권과 중국이 가까워 철강 업계에서는 이점이 크다"고 말했다.

인천연구원이 2009년 발간한 「인천항 화물 이전 요인에 관한 연구」 자료에 따르면 중소형 화주는 인천항은 물론 남동, 부평, 주안, 반월, 시화, 파주, 탄현, 서울디지털산업단지 등 7개 국가산업단지와 수도권 60개 지방산업단지 배후에 분포돼 있다. 품목은 공산품, 자동차부품, 중고차, 잡화 등 다양하다. 인천뿐만 아니라 수도권 전역에서 국내외 교역에 큰 동력이 되고 있는 셈이다.

과거에는 항만시설 준공을 주도한 정부가 수출과 수입을 도맡은 '화주'나 다름없었다. 인천항만공사가 발간한 『인천항사』를 보면 갑문을 준공한 정부는 민간으로부터 직접 쌀, 콩, 홍삼, 금, 해산물을 사서 외국으로 수출하고 마포, 견직물 등을 수입해 민간 상인들에게 팔았다.

화주들이 인천항을 택하는 요인은 지리적 이점에 그치지 않는다. 효율적인 물류 서비스와 안정적인 관리, 물류 업체와의 신뢰도 등도

▼ 인천항 한국가스공사 돌핀에 LNG선이 정박하고 있다.

🔺 인천항 내항부두에 적재되어 있는 한국지엠 수출용 차량 모습.

중요한 고려 대상이다. 2014년 해운물류학회에 실린 「항만배후지 물류창고 선택 요인에 관한 연구-인천항을 중심으로」라는 학술 논문에 따르면 인천항 배후단지 물류창고 운영기업들은 화주 기업 유치 방안을 위한 중요도를 묻는 조사에서 서비스 비용(0.762), 보관·배송·분류(0.747), 안전한 제품 관리(0.717), 지리적 위치(0.697) 순으로 답했다. 항만 배후단지 조성과 같이 금융·교육 등 각종 기능이 한데 모인 도시와의 접근성까지 중요하게 작용하는 것이다. 배준영 인천경제연구원 이사장은 "화주들에게는 여전히 비용 절감이 큰 화두지만 양질의 생산시설이 모여 있다거나 항만 배후부지, 세관 서비스, 거주 환경 등 도시가 잘 갖춰져 있는지도 중요한 고려 대상"이라며 "인천항은 이미 세계적 항만이 됐지만, 각종 비용 상승으로 화주의 부담이 커지고 있는 만큼 물류비용 절감을 위한 인프라를 갖추는 노력이 필요하다"고 말했다.

시황 변화가 큰 해운업계에서는 화주·선사·물류업계 간 '협력'과 '신뢰'도 큰 영향을 차지한다. 일본의 경우 선주·화주·물류업계 간

협력을 통해 자체적인 선순환 구조(해운-조선-화주)를 갖추고 있다.

이상용 청운대 글로벌경영학과 교수는 "물류업계가 뼈를 깎는 발전으로 화주 기업과 시너지 효과를 내야 할 때"라며 "화주들이 안정적으로 화물을 이용할 수 있도록 고품질 서비스를 제공하고 화주와 협력할 수 있어야 한다"고 말했다.

인천항은 국내외 화주들에게 더 매력적인 부두가 되기 위해 진화하고 있다. 신항 개장으로 인천항이 컨테이너 화물 중심으로 변모한 게 단적인 예다. 빠르게 변화하는 물류 환경 속에서 인천항은 화물을 처리하는 단순 역할에서 벗어나 화주의 가치 향상에 초점을 맞춰 나가야 한다.

인천항만공사 관계자는 "인천항 활성화에 대한 화주들의 기여도는 어느 한 곳을 딱 짚어 꼽기 어려울 정도로 식품, 공산품, 중고차, 사료, 목재, 철재, 원료 업계 등 수많은 화주에 의해 발전돼 형성해왔고 모두 중요한 역할을 해왔다"며 "화주들이 인천항을 꾸준히 이용할 수 있도록 항만 효율화, 홍보, 인프라 개선 등에 힘쓰고 있다"고 말했다.

국제물류 주선업 **포워더**

기업·직구족 '수출입 문과 문' 잇는 운송 설계자

불볕더위가 한창이던 2018년 7월 20일 인천 남항 인근에 있는 'YL물류' 야적장은 비교적 이른 오전 시간임에도 작업자들과 지게차, 트럭들로 분주했다. 중국에서 들어온 컨테이너에서 지게차로 화물을 빼내는 작업이 한창이었고 그 옆으론 빼낸 짐을 어디론가 싣고 가는 트럭들이 줄지었다. 다른 한 켠에선 트럭에서 창고로 짐이 옮겨졌다. YL물류 문성식 상무이사는 "하루에 10대 내외의 컨테이너를 처리하는데, LCL(Less than Container Load) 컨테이너 하나당 20~30명의 화주가 있다. 물건을 내리면 화주별로 물건을 다시 옮겨야 해 하루에도 100여 대의 트럭이 이곳을 오간다"고 했다. 그는 "무엇이 얼마나 들어오고, 또 목적지에 맞게 제대로 나가는지 정확히 확인하는 일이 중요하다. 예전보다 장비도 좋아지고 해서 작업이 수월해진 부분이 있지만, 아무래도 야외에서 일하는 작업자들은 요즘처럼 폭염이 계속되면 힘든 부분이 있다"고 했다.

일반 화물을 보관하는 창고와 다를 바 없어 보이지만, 이 업체는

🔺 인천 남항 인근 YL물류 야적장에서 지게차가 컨테이너에서 화물을 꺼내는 모습. 한 직원이 작업이 제대로 진행되는지 확인하고 있다.

'포워더'라고 불리는 '국제물류주선업'을 하는 업체다. 수출이나 수입이 이뤄지기 위해선 많은 과정이 필요하다. 일례로 인천 남동국가산업단지의 국내 업체가 중국 내륙의 한 도시에 있는 업체와 수출 계약을 맺고 제품을 보내기로 했다. 인천에서 생산한 제품을 중국 업체에 전달하기 위해선 인천 공장에서 제품을 포장해 인천항이나 인천공항으로 옮겨야 한다. 제품을 실어 나를 배나 비행기 편을 확보해야 하고, 일정이 맞지 않으면 일정 기간 보관해야 한다. 중국 현지 항만이나 공항에 도착해도 중국 내륙에 있는 업체까지 물건을 운반해줄 철도나 차량 등 교통수단이 필요하다. 이들 과정을 진행하는 데 필요한 서류도 수십 가지다. 일반 업체가 이들 과정을 모두 소화하는 데엔 한계가 있다.

'포워더'는 이런 어려움을 해결해주는 역할을 한다. 화주로부터 의뢰를 받아 이 모든 과정을 책임지고 이행한다. 송하인으로부터 화물을 인수해 수하인에게 인도할 때까지 집하와 입출고, 선적, 운송, 보험 가입, 보관, 배달 등 일체의 업무를 주선한다. 해상, 육상, 항공 등 각 운송 수단을 복합적으로 활용해 고객의 요구에 부응하는 다양한 'door to door' 운송 서비스를 제공하는 게 주된 역할이다. 프레이트 포워더Freight forwarder, 복합운송주선업 등 다양한 이름이 있지만, 역할에 큰 차이는 없다.

인천복합운송협회 양창훈 회장은 "포워더는 최적의 물류시스템을 설계하는 디자이너라고 보면 될 것 같다. 수출입 업체가 운송이나 선적 절차 등 복잡한 업무에서 벗어나 수출입 본연의 업무에 집중할 수 있도록 돕는다"고 했다.

포워더의 역사는 13세기로 거슬러 올라간다. 유럽 도시국가 간 원활한 교역 활동을 위해 각국의 운송과 상사제도, 무역 관행, 관리, 세금 문제 등에 관한 전문적인 지식을 갖춘 중간 매개 행위자의 필요에 따라 무역업자와 운송업자의 형태를 갖춘 상인이 등장하면서 시작됐다는 게 정설이다. 이후 기능 세분화를 통해 전문성을 지닌 운송업자의 성격으로 변모했고, 국제사업회의소의 신용장통일규칙과 미국의 신해운법 등이 발효되면서 제도적 기반이 마련됐다. 세계적

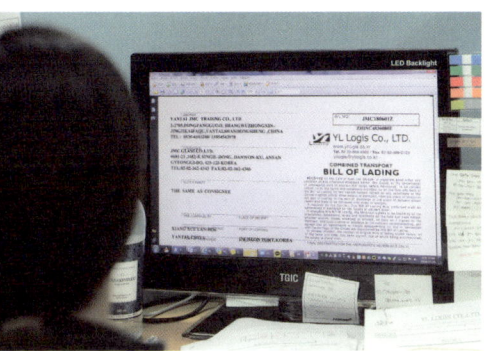
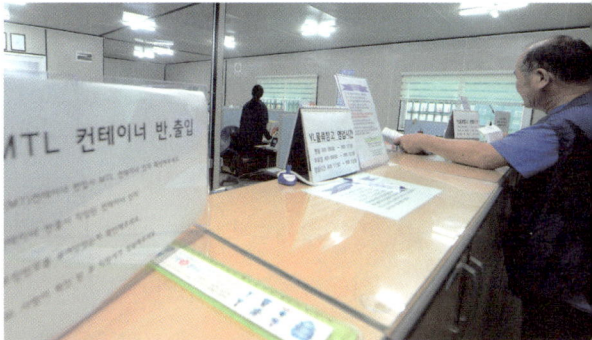

▲ YL물류 사무실에서 한 직원이 선하증권 서류를 확인하고 있다(좌). 포워더 업체 사무실에서 컨테이너 반출입 절차를 밟고 있는 트럭 기사(우).

인 물류업체 DHL과 UPS 등도 포워더의 일종으로 구분된다.

우리나라에선 조선 중기 이후 존재감을 나타낸 '객주客主'가 이와 비슷한 역할을 했을 것으로 추정된다. 객주는 전국의 상품 유통을 중간에서 장악하는 상인으로, 위탁매매를 본업으로 했다. 여기에 창고업과 운송업, 은행업과 숙박업 등을 겸업하는 경우가 많았다고 하는데, 단지 화물만을 보내 판매를 위탁하는 일도 했다고 한다. 1883년 인천항 개항으로 인천이 조선 무역의 중심지 역할을 하는 상황에서 객주의 활동은 더욱 두드러졌다.

외국과 같은 형태의 포워더 관련 제도가 국내에 도입된 건 1970년대로, 정부의 수출입 활성화 정책에 따른 해외 교역량 증가가 배경이 됐다. 스위스나 독일 등에서 유수의 포워더가 국내에 진출하면서 그들의 서비스 형태를 답습하는 방식으로 처음 자리 잡았다고 한다. 초기엔 화물 선적을 대행하거나 운임 징수 문제를 상대국 파트너를 대신해 해결하는 역할을 하고 수수료를 받는 형태였다. 당시만 해도 해운 중심의 업무였다. 이후 법적 체계가 갖춰지고 교통부 해운국에서 관장하던 업무가 신설된 해운항만청으로 이관되면서 본격적으로 활성화됐다. 항공운송과의 병합, 면허제의 등록제 전환 등 법적 정비가 지속적으로 이뤄지면서 지금의 형태로 성장했다. 현재는 관련 업무가 지자체로 넘어와 있다.

포워더가 인천항 주변에 본격적으로 모인 건 2000년대 들어서라는 게 업계 관계자들의 설명이다. 인천항 외항에 컨테이너 전용 터미널이 들어서고 인천~톈진 등 정기 컨테이너 항로가 개설되는 등 여건이 좋아지면서 인천항을 주목했다는 것이다. 컨테이너를 둘러싼 주변 인프라 확충이 포워더 활성화에 크게 기여한 셈이다.

30년 가까이 포워더 업무를 한 정원태 비선해운항공 사장은 "컨테이너 전용 터미널이 문을 열기 전까지는 한중 카페리에 실리는 컨테이너 정도고, 컨테이너를 배로 싣거나 배에서 내리는 갠트리 크레인gantry crane 정도만 있을 뿐 인프라도 열악해 포워더가 적을 수밖에 없었다"고 했다. 이어 "트럭에서 컨테이너를 야적장으로 내릴 때면 컨테이너에 줄을 달아 일반 크레인에 걸고, 그 줄을 사람 여럿이 잡아가면서 어렵게 작업했다. 인천항과 배후단지 등에 컨테이너를 취급할 수 있는 인프라가 확충되면서 포워더도 함께 늘어났다고 볼 수 있다"고 했다.

인천항 컨테이너 전용 터미널이 개장한 2003년 컨테이너 물동량은 82만 1천 TEU였다. 2017년 인천항의 컨테이너 물동량은 304만 8천 TEU로, 10여 년 만에 4배 가까이 증가했다. 인천시에 등록돼 활동하는 포워더는 2018년 7월 현재 420여 곳에 달한다. 2013년 이전까지 238개였던 인천지역 포워더는 매년 40~50개씩 꾸준히 증가하는 추세를 보이고 있다.

인천항은 미주와 유럽 등으로 향하는 장거리 항로는 부산항에 비해 적어도 수도권이라는 배후 시장과 거대 시장인 중국을 수시로 연결할 수 있다는 강점이 있다. 중국 등 해외 소비자들이 국내 인터넷 쇼핑몰에서 직접 물건을 구입하는 형태의 소비가 활성화되고 있고, 북한과의 관계 개선 시 인천항이 거점 항만으로 부상할 수 있는 만큼 포워더 업계에서 인천항의 비중은 더욱 커질 전망이다.

한국물류학회 박정섭 명예회장(청운대 교수)은 "인천은 세계적인 항만과 공항을 갖추고 있는 등 물류 연계성이 뛰어난 지역인 만큼, 복합운송을 하는 포워더들의 관심이 커지고 있다. 국내 생산 물자의 원활한 수출을 위한 체계적이고 유기적인 시스템이 더욱 잘 구축된다면 인천은 더욱더 성장할 수 있을 것"이라고 했다.

항만과 함께 성장한 **선사**

첨단 국제항 인천항의
'변치 않는 VIP 고객'

2018년 8월 18일 오전 7시 50분 인천 신항 선광신컨테이너터미널(SNCT)에 1천740TEU 급 컨테이너선 '흥아그린호'가 다가오고 있었다. 인천항에 정기 컨테이너 항로 서비스를 제공하는 28개 선사 가운데 하나인 흥아해운(인천영업소) 김진구(31) 계장은 이 모습을 긴장한 표정으로 지켜보고 있었다. 김 계장은 "긴 항해를 마친 배가 안벽에 붙는 순간은 수십 년씩 부두에서 일한 이들도 긴장하는 때"라며 "특별한 경우가 아니면 사고는 일어나지 않지만, 항상 부두에 나와 이상 유무를 확인해야 한다"고 말했다.

김 계장의 주요 업무 중 하나는 입항 수속이다. 배가 부두에 오기 전에는 세관 승인이 정상적으로 완료됐는지 확인하고, 배가 도착한 뒤에는 배에 올라 선원 명부와 이들의 여권이 일치하는지 확인한다.

  오전 8시 접안이 완료되고 배와 부두(육지)를 연결하는 계단(갱웨이·Gang Way)이 설치됐다. 도선사가 내리고 질병관리본부 국립인천검역소 직원 2명이 배에 올랐다. 김 계장도 함께 배에 탔다. 컨테이너 고정 장치를 풀기 위해 부두에 대기 중이던 '라싱맨Lashing man' 16명이 달라붙어 컨테이너에 붙은 모든 고정 장치를 30여 분 만에 제거했다. 곧 크레인의 컨테이너 하역 작업이 시작됐다. 홍아그린호는 지난 14일 중국 셔코우蛇口를 출항해 이날(18일) 인천항에 도착했다. 인

천항에 컨테이너 300TEU를 내리고 400TEU를 실었다. 인천, 부산, 광양, 상하이, 마닐라, 호찌민, 홍콩, 세코우를 운항하는 이 배는 3주에 1차례씩 인천항을 이용한다.

배가 항만을 이용하는 가장 중요한 손님이라는 데 이견은 없다. 선사는 배를 직접 운용하며 화물이나 승객을 운송한다. 항만의 가장 중요한 VIP 고객이라고 해도 과언이 아니다. 현대의 항만 개념은 부두시설에서 그치는 것이 아니라 물류업체나 제조기업이 입주한 항만 배후부지를 포함하는 것으로 확장됐다. 항만이 제공하는 서비스도 과거와 비교해 넓어졌지만 제한된 의미에서의 가장 중요한 고객은 선사다.

인천항만공사에 따르면 인천항에는 28개 선사가 정기 컨테이너 항로를 개설하고 활동 중이다. 이들 선사는 중국, 대만, 홍콩, 일본, 동남아시아, 중동, 아프리카, 미주, 호주 등과 인천항을 연결한다. 49

▼ 계선주(繫船柱)에 홋줄을 걸어 배를 고정하고 배에 오른 항운노조 조합원들이 컨테이너의 고정장치를 풀면 하역 작업이 시작된다.

개의 정기 컨테이너 항로 서비스를 운영 중인데, 132척의 배가 투입돼 매주 약 55차례 인천항을 이용한다. 인천항이 304만 8천 TEU의 컨테이너 물동량을 처리하며 전 세계 40위권 항만에 올라선 건 최근의 일이다.

우리나라 근대 해운은 1876년 강화도조약에 따른 개항기인 1880년부터 국권 피탈이 일어난 1910년 사이에 성립됐다. 강화도조약에 의해 1876년 부산항을 시작으로 원산항(1880년), 인천항(1883년) 순으로 개항이 이어졌다. 인천항에서 근대 해운업의 형태를 갖춘 선사들이 활동한 것은 1883년 이후다.

근대 기선을 도입한 조선의 국제해운 업무는 1883년 설립된 '통리교섭통상사무아문'이라는 조직이 관장했고, 조직 설립 초기부터 정기적인 국제항로 개설에 주력했다. 영국, 청나라, 미국, 독일 등의 선박 기항을 유치하는 형태였다.

인천시가 1983년 펴낸 『인천개항100년사』를 보면 기선을 이용한 인천항 최초의 국제정기항로는 1883년 청나라 국적 '난성호'가 월 1~2회로 상하이~인천을 운항한 것이다. 이에 자극을 받은 일본은 그 해 해군함정을 파견했으며, 미쓰비시기선회사가 고베~인천을 월 1회 정기 운항했다. 청국의 난성호가 운항을 중단하자 미쓰비시기선회사가 인천항의 수출입품을 독점했다.

그 후로 미쓰비시기선회사와 교토운수회사가 설립한 일본우선주식회사의 선박이 1893년까지 인천 운항을 독차지했다. 1893년 2월에는 오사카상선회사가 인천 항로를 개설했고, 11월에는 러시아 동청철도기선회사가 이 항로를 연장해 블라디보스토크에서 부산과 나가

사키를 거쳐 인천에 가는 정기항로를 만들었다.

인천도시역사관 배성수 관장은 "개항 이후 선사들에 의해 정기항로가 개설됐다는 것은 인천항이 무역항으로 인정받기 시작했다는 의미가 있다. 하지만 인천의 국제 정기항로는 일본우선주식회사와 오사카상선회사 위주로 일본의 비중이 높았고 조선의 기선이나 범선도 대부분 일본인이 경영해 실제로 일본이 조선의 항해권을 장악했다는 한계가 있었다"고 설명했다.

우리나라 근대 해운은 전운국, 이운사 등의 설립을 통해 도입되긴 했지만 발전하지 못하고 1945년 제2차 세계대전이 종료되고 국권을 회복할 때까지 암흑기에 머물렀다. 광복 이후 우리나라는 해운을 재건할 아무런 자산도 남아있지 않았다. 선박이나 선사를 운영할 만한 경험을 지닌 인사도 거의 없었다. 그러던 중 일본 강점기에 상선에서 근무한 한국인 해기사들이 중심이 돼 조선우선주식회사(조선총독부가 1912년 설립한 연안해운사)를 인수하려는 노력이 본격화했다.

정부가 1949년 12월 설립한 국책회사 '대한해운공사'가 우리나라 해운을 이끈다. 반관반민의 대한해운공사는 민간기업의 외항 진출이 불가능했던 시기에 국제무역 화물을 국적선으로 수송할 수 있는 길을 열었다. 한국 해운의 국제적 공신력을 높이고 경쟁력을 강화하는 데 크게 이바지했다. 무엇보다도 백지 상태의 한국 해운에 경험을 쌓을 수 있는 중대한 토대를 제공했다.

인천항에는 28개 선사가 49개 항로 서비스를 제공하고 있다. 오늘이 있기까지 선사와 인천항은 함께 성장했다. 배가 들어오며 항만이 확장·발전했고, 또 확장한 항만은 더 많은 배를 부르며 선사를 키워

왔다. 현재 인천에서 대리점이나 영업소를 운영 중인 선사는 모두 11개다. 흥아해운, 천경해운, 고려해운, 동영해운, 동진상선, 두우해운, 범주해운, 장금상선, 태영상선, 한성라인, 현대상선 등이다.

현재와 같은 정기 컨테이너 항로 서비스가 갖춰진 시기는 1974년 인천항 제2선거가 완공된 이후다. 이후 많은 선사가 항로를 개설하고 사라지기도 했다.

남흥우(66) 전 한국선주협회 인천지구 위원장은 "외국과의 화물 운송에서 선박이 차지하는 비율이 99%에 이른다는 통계가 있다. 선사는 수출입 화물 운송에 있어서 가장 중요한 첨병 역할을 하며 인천항과 함께 성장했다. 이런 노력의 가치를 제대로 인정받아야 한다"고 말했다.

인천항 향토하역사 **선광**

세계 흐름 맞춘 공격적 투자, 글로벌 인천항 '70년 파트너'

1883년 개항한 인천항이 2017년 304만 8천 TEU의 컨테이너 물동량을 처리하며 전 세계 40위권 항만으로 성장한 데에는 지역을 기반으로 활동한 향토하역사들의 노력을 빼놓을 수 없다.

특히 향토하역사 가운데 가장 큰 역할을 하는 선광鮮光을 주목할 필요가 있다. 선광은 인천항의 핵심이라 할 수 있는 인천 신항에서 선광신컨테이너터미널(SNCT)을 운영하며 인천항 컨테이너 물동량의 3분의 1 가까이 처리하고 있다. 인천항의 성장을 견인하고 있다는 평가다. SNCT는 2017년 82만 TEU에 달하는 물동량을 처리했다. 이런 선광도 1948년 창업 초기에는 작은 창고에 불과했다.

임차한 세관 창고로 시작

선광은 인천 신항을 중심으로 한 컨테이너 하역사업과 평택·군산 지역에서의 항만 하역사업, 중량물 운송, 보관 물류, 사일로 사업 등을 활발히 하고 있다. 선광문화재단 등을 통한 사회공헌사업도 충실히 진행하고 있다.

선광은 해방 이후 인천항의 세관 창고를 기반으로 보관과 운송 사업을 시작하면서 태동했다. 70년 전인 1948년 4월이다. 창업주인 고故 심명구 전 회장은 선광공사라는 이름으로 인천에서 세관 창고를 임대받아 물건을 보관하고, 내주는 일을 했다. 심명구 전 회장의 형제는 모두 5명으로, 형님 고故 심봉구 씨와 세관장을 역임한 첫째 동생 고故 심영구 씨, 서울대 경영대학장을 역임한 고故 심병구 씨, 지역에서 4선 국회의원을 지낸 심정구(87) 명예회장 등이다.

선광이라는 사명은 '조선'과 '광복' 두 단어에서 각각 선鮮과 광光을 가져와 정했다. 당시는 국민들 사이에 대한민국大韓民國이라는 국호보다는 조선朝鮮이라는 이름이 더 익숙한 시기였다. 창립 당시 사무실은 현재의 신포동 주민센터 인근의 작은 공간이었다. 당시 세관으로부터 임대를 받은 현재 인천중부경찰서 인근 창고는 선광의 모체가 됐다. 선광은 사세가 확장하면서 사업 영역을 통관 사업까지 넓혀 개인 회사에서 1961년에 법인 사업자로 전환했다. 현재 선광문

▲ 1969년 2월 10일 인천화력발전소 1호기 트랜스포머 부선 운송작업. /선광 제공

화재단과 인근의 건물을 사무실로 쓰다가 1985년 양곡 사일로를 건설하며 현재의 중구 항동7가 자리로 이전했다.

선광은 현재 고故 심명구 회장의 장남인 심장식 씨가 회장직을, 차남인 심충식 씨가 부회장을 맡아 이끌고 있다. 특히 심장식 회장은 IMF 외환위기 때 경인리스와 국민리스 등을 인수, 투자금융 전문 업체인 화인파트너스를 운영하면서 금융 분야까지 사업 영역을 다양화하는 등 회사 발전에 기여했다는 평가다.

리비아 진출·사일로 건설로 도약

선광은 1980년대 초반 리비아 진출을 선광의 도약기로 보고 있다. 중동 국가들이 오일달러를 이용해 대규모 토목 및 건설공사를 진행해 대한민국에 중동 건설 붐이 일던 시기였다. 선광은 리비아 브레가항, 미스라타항, 벵가지항만 등에 하역노무자와 관리직 등 450여 명 규모의 국내 직원을 보내 해외 항만 하역작업에 나섰다. 이후 약 10여 년간 건설 기자재 등 하역작업을 통해 연간 2천만 달러의 외화를 획득하는 등 선광은 빠르게 성장했다.

중량물 운송사업 진출도 비슷한 시기에 이뤄졌다. 경제 발전을 최우선시하던 3·4공화국 시절 현대화와 산업화가 진행되면서 발전소, 교량 건설 자재 등 대형 설비를 수입해 설치하려는 국내 수요가 많았다. 선광은 이런 수요를 흡수하고자 했다. 한강 철교 자재와 인천 화력발전소 시설 등도 선광이 운송했다. 1970년대에 인천항 제2선거 부두시설 건설 공사가 한창이었다. 2선거 이전까지 항만 시설이 부

▲ 1985년 준공 당시 사일로. /선광 제공

족해 외항에서 하역이 이뤄지는 경우가 많았다. 하역을 위해선 부선이 필요했는데, 내항이 갖춰지면서 부선이 활용되는 경우가 줄어들었다. 선광은 이들 부선을 이용해 해사 채취 사업을 시작했다.

선광은 인천항에 양곡 전용부두가 생기고 양곡 수입이 급증하자 1985년 내항과 컨베이어 벨트로 연결하는 사일로를 건설해 운영했다. 재래식으로 이뤄지던 양곡 하역은 사일로 건설로 현대화됐다. 사일로는 선광이 일반 화물 하역 사업에 국한하지 않고 새로운 사업에 진출해 안정적인 이익을 올리는 탄탄한 기반이자 선광을 대표하는 상징이 됐다.

1996년 해양수산부 출범 이후 1997년 부산항과 인천항에 부두운영회사제(TOC)가 도입되며 선광은 내항의 자동차 전용부두인 5부두 운영을 시작한다. IMF 외환위기 후 많은 기업이 안정적이고 소극적인 경영 전략을 펼 때 선광은 오히려 적극적인 투자를 했다. 인천항의 고질적 체선 해소를 위해 산업 원자재 종합 처리 항만으로 건설된 인천 북항에 다목적부두를 건설해 운영했다.

인천을 기반으로 성장한 선광은 군산과 평택 등 국내 다른 항만으로도 사업 영역을 확장했다. 선광은 인천항에서 축적한 경험을 바탕으로 군산항에 양곡 하역 및 보관을 위한 인프라를 구축해 2005년 군산항 6부두에 양곡 터미널을 개장했다. 양곡 터미널의 일시 보관 능력은 50만 t 규모로 국내 최대 수준이라고 한다. 선광은 평택항에도 진출했다. 2010년 서부두에서 한일시멘트의 슬래그 하역작업을 시작했고, 2018년엔 현대글로비스와 비즈니스 파트너로서 자동차전용부두를 개장해 인천항에 이어 평택항에서도 전문적인 자동차 하역 서비스를 제공하기 시작했다.

컨테이너터미널 사업 진출

컨테이너 분야로 사업 영역을 확대하기로 한 것도 중요한 결정이었다. 전 세계적인 컨테이너 물동량 증가와 일반화물의 컨테이너화에 따라 컨테이너터미널의 중요성은 높아졌다. 선광은 2005년 인천 내항과 인접한 남항에 선광인천컨테이너터미널(SICT)을 개장해 컨테이너터미널 사업에 진출했다.

SICT 개장 후 채 10년이 지나지 않아서 중국 등 주 교역 상대국과의 급격한 교역량 증가와 선박 대형화로 컨테이너 항만시설의 대형화와 현대화를 요구하는 목소리가 높아졌다. 지역 선두 하역 기업으로서의 자부심과 책임감을 갖고 있던 선광은 인천 신항 운영자 참여를

▲ 선광이 인천 신항에서 운영하고 있는 선광신컨테이너터미널(SNCT) 전경.

결심하고 인천항 최초로 야드 자동화가 실현되는 컨테이너터미널을 계획했다.

선광은 2010년 우선협상대상자 선정 이후 약 3천억 원의 대규모 사업비를 투입해 2015년 6월 마침내 선광신컨테이너터미널(SNCT)을 개장했다. SNCT는 인천을 찾는 국내외 주요 인사들이 발전된 인천항의 현재와 미래를 확인하기 위해 반드시 거치는 장소가 됐다.

글로벌 기업들과 무한 경쟁해온 물류기업 선광은 그동안 동북아 물류 허브가 되기 위해 유수의 항만들과 경쟁해온 인천항과 함께 성장했다. 심정구 명예회장은 "선광은 인천에 터를 잡고 인천항과 함께 70년 동안 꾸준히 성장하며 인천에 많은 신세를 졌다. 앞으로도 인천의 성장에 보탬이 되고 인천시민의 사랑을 꾸준히 받을 수 있도록 성실히 역할을 해 나아가겠다"고 말했다.

 인천항 향토하역사 **영진공사**

환갑 앞둔 세월에도
멈출 줄 모르는 '항만 성장판'

㈜영진공사는 인천항과 함께 성장했다. 1961년 인천의 향토하역사로 출발한 영진공사는 대한민국 관문항인 인천항을 중심으로 성장하면서 인천경제의 한 축을 담당했다.

영진공사는 화물 하역부터 운송과 보관에 이르기까지 물류 종합 서비스를 제공하고 있다. 인천항 최초로 인천 남항에 민간투자 부두를 만들어 체선·체화 방지에 이바지하고, 비교적 최근에 개장한 인천 북항 철재부두 주主하역사로 선정돼 세계적 수준의 고객 중심 물류 서비스를 제공하고 있다. 중동의 관문인 바레인에 진출해 공항·항만 운용 능력을 인정받은 영진공사는 '1등 서비스가 아니면 시작하지 않겠다'는 기업 철학으로 21세기 물류산업을 대표하는 글로벌 종합 물류기업으로 변모하고 있다. 영진공사 이강신 회장은 "열린 시각으로 시대적 변화에 주목하면서 과감한 도전과 의지로 고객과 함께하는 종합물류기업으로 성장했다. 고객 중심의 21세기 글로벌 물류기업으로 성장할 수 있도록 노력하겠다"고 말했다.

미군 부대 군수물자 하역으로 출발

2016년 12월 이기상 전 영진공사 회장이 타계하자 항만업계를 비롯한 지역사회 각계 인사들의 추모 발길이 이어졌다. 그는 인천항발전협의회 초대 회장, 인천항만공사 초대 항만위원장, 인천항만물류협회 회장 등을 맡으면서 인천항 발전에 이바지했다. 인천시의회 초대 의장, 대한적십자사 인천지사 회장, 인천시 야구협회 회장, 인천시 체육회 부회장 등 인천 정계와 사회단체, 체육계에서도 활발한 활동을 했다. "항만은 물론 인천의 큰 어른이었다"는 평가가 있었다. 그는 김우중 전 대우그룹 회장의 대학 동기(연세대 56학번)이기도 하다.

영진공사 초대 회장이자 창업주인 그의 형兄 고故 이기성 전 회장 역시 인천경제를 상징하는 인물 중 한 명이다. 1985년부터 1993년까지 인천상공회의소 회장을 내리 세 번 연임하고, 항만하역협회 인천지역회장을 지내는 등 활발한 상공 활동으로 인천경제사에 한 획을 그었다는 평가를 받았다. 현재 영진공사를 이끌고 있는 그의 아들 이강신 회장도 2015년부터 인천상공회의소 회장을 맡고 있다.

◀ 창업주 故 이기성 회장.
／영진공사 제공

영진공사는 1961년 4월 15일 문을 열었다. 고故 이기성, 이기상 형제가 창업의 중심에 있었다. 당시 수도권 지역 주한미군의 군수물자가 대부분 인천항을 통해 반입되던 상황에서, 미군부대 측 가까운 인사 소개로 하역업체 문을 열게 됐다. 인천기계공고 교사였던 이기성 전 회장이 가족 중에 가장 똑똑해 대표이사를 맡았다고 한다. 본사 위치에 관한 정확한 기록은 찾기 어렵지만, 1966년 한 신문에 실린 영진공사 광고를 보면 본사 주소가 인천시 사동 7번지(현재 신포사거리 인근)로 돼 있다. 서울 중구 무교동 25번지 원창빌딩 608호에 서울사무소가 있었다는 기록도 있다. 현재 영진공사 본사는 인천 중구 신흥사거리 인근에 있다. 창업 초기 주로 미군 군수물자를 하역하던 영진공사는 이후 일반 하역 분야까지 진출하면서 사세를 확장했다.

바레인 진출 이후 탄탄대로

영진공사는 1972년 정부의 '사채 동결 조치'로 경영이 크게 어려워졌다고 한다. 영진공사 김구환 전무이사는 "그때 당시 고리대금 업자가 연간 40~50%의 이자를 받고 사채를 빌려줬는데, 정부의 사채 동결 조치로 최대 16% 정도의 이자밖에 받지 못하게 됐다. 때문에 사채를 주려는 업자들이 크게 줄면서 돈을 빌릴 곳이 없게 돼 월급도 제대로 못 줄 정도로 자금난에 빠진 적이 있었다"고 했다.

이런 어려운 상황에서 영진공사는 1977년 바레인에 진출하게 된다. 바레인 진출은 회사 경영에 있어 중요한 전환점이 됐다. 영진공

▲ 바레인 공항 조업. 고철 하역 작업. 해사 채취 작업. /영진공사 제공

사는 중동 진출 붐이 일던 1970년대 중반 주한 미군 계약관 출신의 한 인사를 영입했다. 그는 중동 진출 모색을 위해 찾은 바레인 공항에서 항만 운영사를 모집한다는 신문 공고를 우연히 접했다. 영진공사는 이를 계기로 입찰에 참여해 바레인 항만의 화물 하역 사업권을 따낼 수 있었다. 당시 영진공사는 바레인에 첨단 항만하역시스템을 구축하는 일을 했다. 영진공사는 이를 바탕으로 같은 해 바레인 공항의 지상조업 계약도 맺었다. 영진공사는 걸프전 때도 차질 없이

하역업을 유지하는 등 바레인 정부와 신뢰를 쌓으며 30년 넘게 항만 하역을 지속했다. 바레인 공항 지상조업의 경우엔 현재까지도 담당하고 있다. 바레인 진출과 인천항 하역 물량을 기반으로 성장해온 영진공사는 1980년대 '인천의 삼성'이라고 불릴 정도로 커졌다.

컨테이너 수리업, 해사 채취업, 건설업 등으로 사업 영역을 넓혔고, 평택항 등에도 진출했다. IMF 때 문을 닫긴 했지만, 한때 상호신용금고도 운영했다.

종합물류기업으로 성장 다짐

영진공사는 1992년 우리나라가 중국과 수교하자 대對중국 교역 증가에 대비했다. 1995년 컨테이너 보세장치장을 개설하고, 이듬해에는 인천 남항에 5천 t 선박이 접안할 수 있는 물양장을 축조했다. 당시 하역사가 물양장 등 부두를 직접 조성하는 건 드문 일이었

▲ 1996년 남항민자부두 준공 기념식. /영진공사 제공

다. 영진공사는 1999년 인천 내항 8부두 운영주식회사를 설립했다. 2004년 인천 남항 물양장을 1만 t급 이상의 선박 접안이 가능한 부두로 확장하고, 2005년 저온창고를 신축하는 등 계속해서 사업을 확장했다. 평택항 등 진출 범위도 넓혀 나갔다.

영진공사는 아시아횡단철도의 북방철도 루트인 중국 횡단철도(TCR)와 몽골리아 횡단철도(TMGR), 시베리안 횡단철도(TSR) 등을 통한 수송서비스와 3자 물류 서비스, 국제복합 물류서비스 등을 제공하는 ㈜영진 GLS를 비롯해 영진탱크터미날㈜, ㈜영진운수, 한중물류㈜, 청도중한국제물류유한공사, ㈜영진시포트 등을 계열사로 두고 있다.

인천 내항 부두운영사(TOC) 통합으로 하역 기능이 축소되긴 했지만, 영진공사는 물류 관련 업역을 넓혀가면서 대한민국을 넘어 세계를 대표하는 종합물류기업으로의 성장을 다짐하고 있다. 김승회 영진공사 대표이사는 "50여 년의 전통과 전문성으로 고객이 감동하고 만족하는 종합 물류 서비스를 제공하겠다"며 "21세기 물류산업을 선도하는 종합물류기업으로 도약하기 위해 최선의 노력을 기울일 것"이라고 했다.

 인천항 향토하역사 **우련통운**

'사람 우선' 73년 철학, 변치 않는 '혁신 아이콘'

　73년간 인천항과 함께 자라온 인천의 향토하역사이자 종합물류기업인 우련통운㈜는 '인천우체국 사서함 1호'를 여전히 사용하고 있다. 우편사서함이란 우체국에서 개인이 직접 우편물을 찾아갈 수 있는 전용 수취함이다. 우체국에 가야 볼 수 있다. 인천항 인근에 있는 우련통운은 인천우체국에서 사서함을 운영한다는 소식을 접하고 가장 먼저 신청해 사서함 1호의 주인이 됐다. 우련통운은 1923년 신축한 인천우체국이 2003년 중구에서 연수구로 이전하고 나서도 사서함 1호를 계속 사용 중이다. 인천우체국에는 1978년부터 사용한 것으로 기록돼 있지만, 우련통운의 전신인 청구양행이 1945년 설립된 것을 고려하면 그 이전부터 사용했을 것으로 추정된다.

　사서함 이용 초기에는 관공서 공문, 세금계산서 등 각종 서류와 공문이 하루 100통 이상 도착해 총무과 전담 직원이 매일 우체국을 방문해 우편물을 찾아왔다고 한다. 그러나 지금은 간단한 서류 정도만 받을 뿐이다. 우련통운 윤기림 대표이사는 "지금 같은 디지털 시대에 아날로그 우편사서함을 왜 유지하는지 의아해 하겠지만, 당시 최첨단 우편서비스를 가장 먼저 채택했다는 상징이 크다"며 "우련통운은 인천의 향토기업으로서 항상 도전하고 새로운 시대에 발맞춰가고자 노력하는 회사"라고 설명했다.

인천~중국 간 무역업에서 시작

우련통운은 1945년 화물운송사업을 시작으로 현재는 하역업, 보관, 제3자 물류 등 인천항에서 일어나는 모든 사업을 도맡았다. 지금은 내항 통합으로 항만 하역 기능이 위축됐지만, 인천 내항 2부두의 운영사이기도 했다. 운송사업 분야에서는 우련육운, 우련TLS㈜를, 물류사업 분야에서는 우련국제물류㈜, 우련평택물류㈜, 인천콜드프라자㈜, 제조업 솔트원㈜ 등의 계열사를 두고 있다.

우련통운의 모태 기업인 '청구양행'은 인천항 인근의 작은 무역 회사로 시작했다. 우리나라가 일제로부터 해방됐던 1945년 설립된 회사로, 인천과 중국 상하이上海 간 육상 운송에 주력했다. 당시 인천항은 긴급 구호품과 산업물품을 조달하는 국가 제1의 수입항이었다. 수도권을 배후에 두고 있는 인천항 인근에는 크고 작은 무역 회사가 생겨날 수밖에 없었다. 그러나 인천항의 인프라는 열악했다. 항만 시설이 한국전쟁으로 많이 파괴되면서 국가 재건에 필요한 원자재 수입은 부산항에 쏠리기 시작했다. 청구양행은 수출·수입 물량이 없는 상황에서 무역업만 하기에는 한계가 있다고 판단, 하역업에 뛰어들었다. 1958년 '우련통운'은 그렇게 탄생했다.

▲ 1980년대 우련통운 하역작업장에서 직원들이 화물을 옮기고 있는 모습. /우련통운 제공

　야심 차게 하역업을 시작했지만, 군소 하역업체가 난립하기 시작하면서 경쟁은 점점 심해졌다. 게다가 1950년대 후반 외부 원조가 줄면서 물동량도 감소하자 하역업체들의 경영 상황은 더욱 나빠졌다. 우련통운은 위기를 극복하기 위해 적극적인 영업 활동을 시작했다. 1958년 American President Line과 Lykes Brothers Steamship Co. Line 등 당시 세계적인 선사들의 총대리점을 맡았다. 1959년에는 당시 국내 최대 해운사였던 대한해운공사 인천지점의 하역권을 유치했다. 우련통운은 격동기의 어렵던 시절을 극복하고 본격적인 성장기에 올랐다.

다양한 사업 확장으로 제2의 전성기

우련통운이 안정적인 성장의 기틀을 잡게 된 것은 배인복 회장이 작고한 후 1976년 동생인 배인홍 현 회장이 대표이사로 취임하면서다. 당시 우련통운은 전문 하역회사로서의 역량은 충분했으나 추가적인 부가 서비스를 제공하지 못했기 때문에 정체 상태에 놓여 있었다. 최신 운송 서비스를 원하는 화주가 많았는데, 배인홍 대표는 이를 반영해 1978년 '우련육운'이라는 합자회사를 설립했다. 육상 운송 사업에 진출한 것이다.

1999년 부두운영회사제(TOC)가 도입되면서 인천 내항 2부두 운영 주체가 된 것은 우련통운이 비약적인 발전을 이루게 된 큰 계기가 됐다. 2002년에는 중국 랴오닝성遼寧省 남부에 있는 항구 도시 '잉커우營口시' 항무국(항만청)과 협력해 카페리 선사인 범영훼리를 설립해 선박 운송, 컨테이너 하역업에도 진출했다. 우련통운은 주 하역 물동량 가운데 사료부원료가 50%, 잡화와 철강 등 나머지가 50%였을 정

▲ 우련통운이 오랜 기간 운영했던 인천 내항 2부두 전경. /우련통운 제공

도로 산물 하역에 강점이 있었다. 우련통운은 2003년 국내 최대 사료부원료 전용 보관 창고(1만 3천630㎡)를 완공하기도 했다. 인천항만물류협회와 금융감독원 자료에 따르면 우련통운은 2006년 물동량 677만 t에 매출액 359억원을 달성하는 등 비약적으로 성장했다.

이러한 동력으로 인천북항다목적부두㈜, ㈜INTC에 지분 참여를 하고, 평택항 부두 시설 건설에 참여하는 등 점차 사세를 넓혔다. 《매일경제》 1969년 4월 26일자 '인명피해 월 1건꼴 하역장비 모두 낡아'라는 제하의 기사를 보면 당시 인천지방해운국에 등록된 하역회사는 우련통운, 선광공사 등 16개에 달했다. 시간이 지나면서 향토하역사들이 계속 무너졌지만, 우련통운은 지역사회에서 고용을 창출하고 이익 일부를 재환원하면서 꾸준히 사업을 이끌어 나갔다.

인천 내항 통합 위기를 또 다른 기회로

우련통운은 2003년 평택항에 진출하는 한편 인천에서도 꾸준히 장비 임대, 물류 대행, 운송 등 물류 전반에 걸쳐 사업을 확대했다. 2011년에는 저온 화물을 보관할 수 있는 창고인 콜드프라자까지 인수했다.

인천항 터줏대감으로 계속해 성장할 것만 같았던 우련통운은 인천 내항 통합으로 위기를 맞았다. 전용부두였던 내항 2부두가 통합되면서 연간 물동량과 매출액이 절반 가까이 줄었다는 게 회사 측의 설명이다. 2013년에 진출한 경인항 컨테이너터미널 조업도 성공을 거두지 못했다.

우련통운은 이러한 위기를 '사람 우선 경영'으로 극복하고 있다. 그간 하역 사업이 위축되면서 위기를 맞기도 했지만 지난 70여 년간 인위적인 구조조정을 진행한 적이 없다고 한다. 우련통운 유성재 상무는 "우련통운에게 사람은 100년 장수기업을 향해가는 기반"이라며 "'인화단결'이라는 사훈을 중심으로 노사 간 상생을 중시해 임직원과 지역사회에 보답하는 기업 운영 원칙을 유지하려고 하고, 실제로 고용을 늘리면서 사업 다각화를 함께 추진하고 있다"고 말했다.

우련통운은 현재 카페리 컨테이너 하역을 중심으로 평택항 하역, 물류·운송업, 소금 제조업(솔트원) 등 사업을 다각화하고 있다. 우련통운 윤기림 대표이사는 "인천항은 우련통운과 임직원에게는 삶의 터전이며 지금까지 존재할 수 있었던 소중한 공간"이라고 말했다. 또 "인천항은 무엇보다 남북 화해 정국에 따라 남북경협의 최대 수혜지가 될 자격을 갖추고 있는 만큼 관계기관과 항만업계 주도의 발 빠른 준비가 필요하다"고 말했다.

컨테이너와 **컨테이너 수리업**

'세계 물류 바꾼 혁신' 밑바닥까지 새것처럼 변신

컨테이너. 우리가 수천 킬로미터나 떨어진 나라에서 원하는 화물을 비교적 저렴한 비용으로 안전하게 받아볼 수 있는 데 중요한 역할을 하는 도구다.

국제적으로 규격화된 컨테이너는 1950년대 미국에서 본격적으로 쓰이기 시작해 물류업계의 혁신을 가져왔다. 종류와 크기, 무게 등 천차만별인 화물을 배에 싣고 내리기 위해선 사람이 직접 들고 날라야 하는 경우가 많았다. 이 과정은 많은 시간을 필요로 했고 비용 또한 컸다. 컨테이너는 이 과정의 기계화를 가능하게 했다. 사람이 싣고 내려야 했던 화물은 거대한 크레인이 대신 나르게 됐고, 부두 내에서 화물을 옮기는 일도 지게차와 트럭이 맡게 됐다. 컨테이너의 '표준화'도 물류 시간과 비용을 줄이는 데 크게 기여했다. 철강판으로 둘러싸인 직육면체로 투박해 보이는 컨테이너는 화물의 안전한 이동에 큰 도움이 됐다. 장거리 이동 과정에서 있을 수 있는 충격과 폭우 등 기상 상황으로부터 화물을 보호하는 데 효과적이었다. 세계

🔺 하역 작업 도중 파손이 확인된 컨테이너가 수리 작업장으로 옮겨지고 있다.

적 석학 피터 드러커Peter Ferdinand Drucker는 이 컨테이너를 '세계 경제사를 바꾼 대혁신적 발명품'이라고 칭하기도 했다.

물류에서 없어선 안 될 중요한 도구로 자리 잡게 된 컨테이너는 선적·하역 등 이동 과정에서 망가지는 경우가 많다. 빈 컨테이너의 무게는 2~3t에 달한다. 물건을 채우면 최대 30t까지 나간다. 컨테이너를 싣고 내리는 과정에서 외부 충격 등으로 찌그러지거나 찢기는 경우가 생길 수밖에 없다. 이렇게 손상된 컨테이너를 되살리는 이들이 바로 컨테이너 수리업체다. 컨테이너 수리업체의 수리공들은 손상된 컨테이너가 다시 제 모습을 찾을 수 있도록 하는 역할을 한다.

2018년 8월 31일 인천 신항 선광신컨테이너터미널 내에 있는 컨테이너 수리업체 '콘테이너 테크닉큐 서비스㈜'의 작업 현장은 분주했다. 곳곳이 찌그러지거나 파여 있는 컨테이너들이 산처럼 쌓여 수리

▲ 인천 신항 선광신컨테이너터미널 내에 있는 컨테이너 수리업체 '콘테이너 테크닉큐 서비스㈜'의 작업장에서 수리공들이 컨테이너 수리 작업을 하고 있다.

를 기다리고 있었고, 대형 지게차는 이들 컨테이너를 수리할 수 있도록 작업장에 하나씩 펼쳐놨다. 작업장 한편에선 컨테이너 내부 바닥을 고치는 작업이 한창이었다. 수리공들은 앞서 수리가 필요한 부분에 검사원들이 분필로 적어놓은 일종의 '작업지시서'대로 작업하고 있었다. 컨테이너 내부 바닥은 21겹으로 된 70kg 정도의 무거운 합판을 사용하는 경우가 대부분인데, 소형 지게차들이 화물을 싣고 내리는 과정에서 깨지거나 부서진다.

보통은 새 바닥용 합판을 크기에 맞게 잘라서 부서진 합판을 뜯어내고 새로 까는데, 경우에 따라선 합판 전체를 교체해야 할 때도

컨테이너와 컨테이너 수리업 • 203

있다. 뜨거운 여름철 컨테이너 내부 온도는 섭씨 50도에 달한다. 잠시만 있어도 땀으로 바닥이 흥건하게 젖을 정도라고 한다. 찌그러진 부분은 4~5kg짜리 대형 망치로 때려서 펴는 작업을 한다. 경우에 따라 유압으로 찌그러진 부분을 펴는 기계를 사용하기도 한다.

컨테이너의 수명은 보통 15년 정도다. 시간이 갈수록 부식이 진행돼 작은 망치로 쳐도 구멍이 뚫릴 정도로 약해진다. 수명이 남았어도 컨테이너에 작은 구멍이 생기는 경우가 있다. 작은 구멍 역시 놓치지 말아야 할 수리 대상이다. 컨테이너 내부에 물이 스며들면 컨테이너에 실린 화물이 손상될 수 있기 때문이다.

경력 10년의 김형수(40) 과장은 "작은 구멍을 찾기 위해 컨테이너 안에서 문을 닫고 내부로 새어 들어오는 빛이 없는지를 확인하기도 한다"고 했다. 이어 "올여름은 무더위에 특히 힘들었던 것 같다"며 "망치 같은 단단하고 무거운 물건을 다루는 만큼, 한번 실수로 크게 다칠 수 있어 항상 안전에 신경 쓰고 있다"고 했다.

컨테이너 수리는 싣고 온 화물을 비운 컨테이너가 다시 컨테이너 부두로 들어올 때 시작된다고 볼 수 있다. 별도의 자격을 갖춘 검사원이 컨테이너 내·외부를 꼼꼼히 살피며 수리가 필요한 컨테이너인지를 가린다. 평균 컨테이너 10대 중 3대 정도는 손상으로 분류된다고 한다. 손상 판단 여부는 국제 기준을 따른다. 수백 페이지에 달하는 '국제 컨테이너 임대사 협회(IICL)' 규정엔 손상 정도에 따라 수리가 필요한 경우가 구체적으로 제시돼 있다. 컨테이너를 소유하고 있는 선사별 수리 매뉴얼도 있다. 이들 매뉴얼은 컨테이너를 수리하는 중요한 기준이 된다.

페인트칠, 용접, 내부 청소까지 마무리한 컨테이너들은 다시 새로운 화물을 실을 수 있도록 야적장으로 옮겨지게 된다.

인천에는 컨테이너부두가 있는 남항과 신항을 중심으로 15개 컨테이너 수리업체가 영업하고 있다. 컨테이너를 소유하고 있는 선사와 계약을 맺는 경우도 있고, 선사가 직접 운영하기도 한다.

인천 최초의 컨테이너 수리업은 70년대 후반 산소용접기 등을 리어카에 싣고 다니며 타이어 구멍을 때워주던 이름 모를 인부였던 것으로 전해진다. 당시 인천항엔 컨테이너 관련 인프라가 부족했다. 전문 수리업체가 없는 상황에서 한 화물차 기사가 그에게 '컨테이너도 때우는 것이니 어차피 그 일이 그 일 아니겠느냐'며 제안한 게 시초

▶ 파손된 컨테이너와 신항 선광신컨테이너터미널 입구에서 컨테이너 파손 유무를 육안으로 확인하는 모습.
▶ '콘테이너 테크닉큐 서비스㈜' 관계자가 컨테이너 파손 상태를 설명하고 있다.

였다는 것이다.

컨테이너 수리업 30여 년 경력의 이선연(51) 씨는 "내항만 있을 때였는데, 인천항을 드나드는 컨테이너가 많지 않아 용접기만 있으면 컨테이너 수리를 할 수 있을 정도였던 것 같다. 인천 컨테이너 수리업의 시작은 그때라고 선배들로부터 들었다"고 했다. 이후 남항에 컨테이너터미널이 들어서면서 인천의 컨테이너 수리업이 본격화해 지금까지 이어지고 있다.

컨테이너는 단순 화물만 옮기던 것에서 각종 활어나 신선식품도 실을 수 있도록 점점 첨단화되고 있다. 포대에 담아 옮겨야 했던 곡물을 직접 빨아들여 저장하는 '사일로Silo' 시설이 생기고, 드럼통에 담아 옮기던 유류를 배에서 직접 빼낼 수 있도록 '돌핀 부두'가 만들어지듯 발전한 것이다. 컨테이너 수리업도 기술적으로 함께 발전했다.

이선연 씨는 "컨테이너 수리업은 컨테이너가 전 세계를 돌아다니는 한 계속 성장·발전할 것"이라며 "수리공들이 점점 고령화되고 있어 걱정인데, 많은 젊은이가 컨테이너 수리업에 관심을 가져줬으면 한다"고 했다.

제2의 공장 **창고**

보관 넘어 첨단 기능 집적화
'원스톱 물류 거점'

마트에서 구매하는 미국산 오렌지. 이 오렌지가 생산지에서 소비자의 손에 들어가기까지 얼마나 많은 과정을 거쳐야 할까. 미국 농장에서 생산된 오렌지는 미국 항만에서 옮겨진 뒤 배에 실려 국내로 들어온다. 한국의 항만에 도착하면 물류창고로 향한다. 이후 통관, 검역, 포장 등 몇 차례의 과정을 더 거쳐 소비자에게 인도된다. 오렌지 주인은 '어떤 방법의 물류가 가장 효율적일까' 고민하게 된다. 어떤 항만을 이용하고, 어디에 위치한 물류창고에 오렌지를 보관할지 선택해야 한다.

필요한 양의 물품을 적은 비용을 들여 신속하고 정확하게 보내는 것이 물류物流의 핵심이다. 신속하게 보내기 위해서는 절차를 간소화해야 하고, 물품의 이동 거리를 줄여야 한다. 국가 간 무역이 활발해지면서 물류의 중요성은 커지고 있다.

'창고'는 물류에서 빠질 수 없는 한 축을 담당한다. 시간이 지날수록 점점 그 중요성이 강조되고 있다. 과거에 창고는 단순히 물품

▲ 인천 중구 아암물류1단지에 위치한 화인통상 물류창고 전경. 아암물류1단지에는 인천항을 기반으로 한 물류기업들이 밀집해 있다.

을 보관하는 기능이 전부였으나, 영역이 확대되면서 '제2의 공장' '미래의 공장'이라는 표현도 나온다.

 인천 중구 아암물류1단지에 위치한 물류기업 화인통상. 넓이 1만 5천 ㎡, 높이 21m 규모의 화인통상 물류창고는 층층 선반마다 빈 공간을 찾아볼 수 없을 정도로 상품이 가득 차 있었다. 화장품, 식품, 의류 등 종류도 다양했다. 창고 한편에서는 직원들이 며칠 뒤 홈쇼핑을 통해 판매될 주방용품을 포장하고 있었다. 그릇과 접시 등 품목별로 수백 개가 한 묶음으로 운송돼 온 것을 해체한 뒤 소비자에게 배송될 형태로 포장하는 것이다.

화인통상은 국내에서 가장 큰 규모를 자랑하는 3PL(Third Party Logistics) 기업이다. '3자 물류'라고도 불리는 3PL은 제품 생산을 제외한 물류 전반을 특정 업체에 맡겨 처리하는 것을 일컫는다. 화인통상에서 처리하는 물품은 대부분 소비재이며, 물품 종류는 7천여 가지에 이른다. 가구 브랜드 '이케아', 의류 브랜드 '자라', 창고형 마트 '코스트코' 등 다수 글로벌 브랜드가 화인통상에 물품의 보관·통관·라벨링·국내운송 등을 맡기고 있다. 화인통상은 외국의 화주가 생산품을 맡기면 통관 등을 포함해 국내 소비자의 손에 들어가는 '완성품'이 되기까지 일체의 역할을 한다. 화인통상은 화장품과 식품 등에 대한 성분 분석표 등을 작성하기 위해 화학 전공자 등을 채용하기도 했다. 이들은 각 상품에 대한 정확한 정보를 파악해 국내 제

▲ 화인통상 직원들이 생활용품 포장 업무를 하는 모습.

도에 맞게 변환하는 역할을 한다. 화인통상은 상품 처리 과정을 화주들이 볼 수 있도록 하는 시스템을 구축해 놓고 있다. 화물의 현재 위치, 동선, 처리 과정 등을 화주들이 인터넷을 통해 실시간으로 알 수 있는 것이다. 이는 신뢰도를 높이고 안전사고를 예방하는 데 효과가 있다.

화인통상과 같은 물류창고가 인천에 있는 것은 인천항이라는 인프라 때문이다. 전 세계 교역량의 99% 이상이 바다를 통해 이뤄진다. 국내에 들어오는 화물 대부분은 인천항과 부산항 등 항만을 통해 수입된다. 항만 인근에 대규모 물류창고가 들어선 이유다. 항만에서 물품 보관·처리 과정을 거친 뒤 각 지역으로 운송하는 게 효율적이기 때문이다. 인천항은 1883년 개항 이후 국내 대표 무역항 역

🔺 화인통상 물류창고. 21m 높이의 각 선반에는 인천항을 통해 수입한 각종 화물이 층층이 쌓여 있다.

할을 했다. 1960~1970년대에는 국내 대표 원자재 수입항 역할을 했으며, 2000년 이후에는 원자재뿐 아니라 다양한 소비재 등이 인천항을 통해 수입되고 있다. 특히 인천항은 중국과 가깝고 소비지인 수도권에 위치해 있다는 장점이 있다.

화인통상 최승재 대표이사는 "보관, 통관, 검역, 포장, 라벨링 등이 각각 다른 곳에서 이뤄진다면 화물의 이동 거리가 늘어날 것이고, 이는 시간과 비용 측면에서 비효율적이다. 모든 것을 '원스톱' 서비스로 제공하기 때문에 국내에 진출하려는 외국 기업들의 문의가 이어지고 있다"고 했다. 이어 "이는 상품을 보관할 수 있는 공간이 있기에 가능한 것이다. 앞으로 물류창고의 역할은 더욱 확대될 것"이라고 했다.

인천은 개항 이후 창고가 자리 잡기 시작했다. 인천항을 통해 수출·수입하는 물품을 보관하기 위해서였다. 일제강점기에는 일본 정부가 국내 쌀을 자국으로 반출하기 위해 창고회사를 설립하기도 했다. 수탈이었다.

인천항이 확장하면서 항만 인근의 창고도 늘었다. 1960~1970년대 인천항 인근에는 10여 개의 창고가 밀집해 있었다고 한다. 이들 창고에서는 원당原糖, 밀가루, 식료품, 원사原絲, 고철 등을 보관했다. 경제적으로 어려웠던 시절인 만큼 화물이 모여 있는 창고 인근에선 절도가 기승을 부렸다. 많은 화물이 한곳에 모여 있다 보니 화재가 발생하면 대형 사고로 이어지기도 했다.

1979년 8월 13일 인천항 화학품 보관 창고에서 큰불이 나 수십억 원의 재산 피해가 났다는 기록이 있다.《경인일보》의 전신인《경기

신문》은 1979년 8월 14일자 1면 기사에서 "13일 밤 11시 55분께 인천 남구 용현동 화공약품 보세창고인 대동창고 소유 D동에서 원인모를 불이 일어나 안전창고 5동과 인근 창고 1동 등 6동에서 보관 중이던 화공약품이 폭발하고 각종 기기류가 모두 불에 타 30억 원의 재산 피해를 냈다"고 보도했다. 아버지 때부터 대대로 인천에서 창고업을 하고 있는 국제창고 유태식(64) 대표는 "당시 불이 났던 것을 아직도 기억한다"며 "인천 전체가 연기 때문에 매캐한 냄새가 났다"고 회상했다.

2000년대 들어 인천항을 통해 교역하는 물품은 다양해졌다. 수입품 가운데 소비재의 비중이 커졌다. 특히 중국에서 들어온 상품이 많다고 한다. 유태식 대표는 "1980년대에만 해도 창고는 지금과 비교하기 어려울 정도로 작았고, 보관하는 물품도 대부분 원자재였다"며 "지금은 중국이나 동남아에서 온 소비재가 창고 대부분을 채우고 있다"고 설명했다.

화물의 규모가 커지고 물품이 다양해지면서 창고의 기능도 확대됐다. 하지만 인천항은 수도권에 위치해 있다는 장점에도 불구하고 물류센터 등을 지을 부지가 부족하다는 지적이 꾸준히 있었다. 이에 인천항만공사는 2015년 개항한 인천 신항과 연계해 대규모 항만 배후단지를 조성한다는 계획이다. 배후단지가 조성되면 '물류단지 부족 문제 해소', '첨단 물류 서비스 제공' 등으로 인천항 활성화에 기여할 것으로 인천항만공사는 기대하고 있다. 인천항만공사 김재덕 물류사업팀장은 "신항 배후단지가 조성되면 더욱 첨단화된 물류시스템이 인천에 마련될 수 있을 것"이라고 말했다.

인천연구원 김운수 연구위원은 "옛날 창고는 공장에서 생산한 물품을 쌓아두는 정도의 역할에 그쳤으나, 물류의 중요성이 강화되면서 항만 인근의 물류창고로 여러 기능이 집적화되고 있다"며 "창고는 제품의 기본적인 생산을 제외한 모든 작업이 이뤄질 수 있는 공간이다. 항만 배후단지는 이러한 창고의 기능이 극대화될 수 있도록 하는 것이 중요하다"고 말했다.

물류 대기업 키워낸 둥지에 문화예술이 내려앉다

창고 건물은 단순하다. 외벽과 지붕 이외의 시설은 최소화된다. 건물 내부 기둥이 없는 경우도 많다. 이 같은 건물의 특성은 창고 기능에 기인한다. 많은 물건을 최대한 효율적으로 적재하기 위한 공간이기 때문이다. 사람이 생활하는 공간이 아니기 때문에 창문이 없는 창고 건물도 많다. 각종 물품을 적재·이동하기 위한 선반과 각종 장비가 들어서 있어, 복잡하고 빽빽해 보일 수 있으나 구조적으로는 가장 단순한 건물이 바로 창고다.

인천항 인근에 창고가 생겨난 건 1883년 개항 이후다. 이때부터 수출입 물품을 효율적으로 관리하기 위한 창고가 항만 인근에 속속 건립됐다. 개항기 인천은 국내 최대 항만이었다. 개항이 이뤄진 것은 부산, 원산에 이어 세 번째였으나 물동량은 전국에서 가장 많았다. 1907년 발간된 『인천개항 25년사』는 개항기 인천항의 지위를 잘 설명한다.

1893년 무역 총액은 778만 8천 원인데 인천은 그중 5할 1푼 1리를 점하며 부산은 2할 9푼 9리, 원산은 1할 9푼의 비율을 보인다.

이 책은 1893년부터 1907년까지 한국의 무역액을 항만별로 기록했는데, 인천항은 매해 가장 높은 비중을 차지했다.

인천항을 통한 무역이 활발해지면서 자연스럽게 인천항 인근에 물류기업이 설립되고, 창고들이 운영됐다. 국내 최대 물류기업인 CJ대한통운의 모태가 되는 기업도 인천에서 시작됐으며, 한진그룹 역시 인천에서 첫발을 뗐다.

CJ대한통운의 모태는 일제강점기 설립된 조선미곡창고주식회사(이하 조선미창)다. 이 회사는 일본이 조선의 쌀을 효율적으로 수탈하기 위해서 설립됐다. 일본 정부 주도로 서울에 설립됐으며, 인천에 가장 먼저 지점을 열었다. 『대한통운 80년사』는 "회사가 당초 계획한 5개 수출항 가운데 가장 먼저 지점이 설치된 곳은 우리나라 최초의 개항장이자 당시 항만 사정이 개중 나은 인천이었다"고 했다. 인

▼ 옛 창고들이 모여있는 해안동 일대.

천지점은 1930년 11월 21일 문을 열었으며, 그해 12월 부산과 진남포 지점이 영업을 시작했다.

조선미창 인천지점 창고는 인천항 제2국제여객터미널 인근에 위치한 '이마트 동인천점' 자리에 있었다는 게 항만업계 설명이다. 유태식(국제창고 대표이사) 전 인천물류창고업협회장은 "조선미창 건물은 현재 동인천 이마트 건물이 지어지기 전까지 여러 번 이름을 바꾸어가며 활용됐지만, 지금은 그 흔적이 없어졌다"고 말했다.

한진그룹 창업자 조중훈(1920~2002)의 자서전 『내가 걸어온 길』을 보면 한진의 창업 과정과 함께 당시 인천항의 위상을 알 수 있다.

> 해방 전에 운영하던 보링 공장을 일제의 기업정비령에 의해 정리할 때 받은 돈과 저축해둔 것을 합쳐 트럭 한 대를 장만한 나는 인천시 해안동에 한진상사의 간판을 내걸었다. 인천을 새로운 사업의 근거지로 삼은 것은 중국과의 교역을 겨냥해 무역업에 뛰어들려는 생각에서였다. (중략) 서쪽으로 중국과 상대하고 있는 지리적인 조건으로 대중국 무역 기지로서는 단연 수위를 차지하고 있었다.

한진이 1950년대 지어 쓰던 창고 건물은 리모델링을 거쳐 지금도 사용되고 있다. 인천항에는 오랜 시간을 거치면서 새로운 시설들이 들어섰고, 옛 창고 건물은 다양한 방법으로 활용되고 있다. 인천항 옛 창고는 개항과 맞물려 인천의 역사가 배어 있고, 건물 구조 특성상 문화·예술 공간으로 활용 가능성이 높다.

인천아트플랫폼은 창고 건물을 문화·예술 창작 공간으로 활용한

🔺 인천항 물류 창고 등을 활용해 조성한 인천아트플랫폼에서 진행된 전시, 공연 모습. /인천아트플랫폼 제공

🔻 인천아트플랫폼 C동. 1940년대 지어진 대한통운 물류창고를 외벽을 그대로 남기고 리모델링했다.

대표적 사례다. 인천시는 구도심 재생사업 일환으로 2009년 9월 인천아트플랫폼을 개관했다. 대한통운이 이용하던 창고 건물 2개 등 옛 건물들을 리모델링해 문화·예술 공간으로 만든 것이다. 인천아트플랫폼 C동의 경우 대한통운 창고 건물의 외벽이 그대로 남아 있다. 이들 창고 공간에서는 매년 30차례 정도의 전시·공연이 진행되고 있으며, 관람객은 연간 10만 명 안팎이다. 인천아트플랫폼 오병석 과장은 "창고 건물은 내부 기둥이 없고, 천장이 높은 형태다. 내부를 자유롭게 활용할 수 있다는 점에서 전시회와 공연 같은 문화 관련 작업을 하기에 좋은 조건"이라며 "특히 C동은 연극 공연이 많이 이뤄지는데 관객들의 집중도가 높다"고 말했다.

CJ대한통운 김봉호 전무는 "인천아트플랫폼으로 활용하고 있는 대한통운 창고는 건립 이후 항만 물류와 관련한 창고로 쓰였으며, 90년대 초에는 대한통운이 택배사업에 진출하면서 전국 최초 택배 물류센터로 활용했던 곳"이라며 "매우 의미 있는 공간이라고 할 수 있다"고 말했다.

인천항 내항 8부두에 있는 아시아 최대 규모 곡물 창고도 변신을 준비하고 있다. 8부두 곡물 창고는 면적 1만 2천150㎡, 길이 270m, 너비 45m다. 내부에 기둥이 없는 단일 공간으로는 아시아 최대 규모다. 이 창고는 인천항 제2선거 건립(1974년)과 연계해 1975년 정부 주도로 건립됐다. 인천항 주요 수입 품목이었던 양곡을 보관하기 위한 장소로 40년 가까이 활용됐다. 한 번에 5만 t의 양곡을 적재할 수 있었으며, 2000년대 초만 해도 창고가 비어 있는 날이 거의 없었다. 하지만 인천 남항과 북항 등이 조성되면서 내항의 물동량이 줄었고 창

🔺 내항 8부두 창고를 활용해 문화예술공간으로 조성하는 상상플랫폼 조감도.
/인천시 제공

🔻 인천항 내항 8부두 곡물 창고. 1975년 건립돼 40년 가까이 물류창고 역할을 했다. 인천시는 이 창고를 문화 예술 창업 공간으로 활용하는 상상플랫폼 조성 사업을 추진하고 있다.

고 활용도 역시 낮아졌다. 2015년 8부두 일부가 시민들에게 개방되면서 결국 창고 기능을 잃게 됐다.

인천시는 이 창고를 다양한 문화콘텐츠 생산·소비의 장으로 만들기 위한 사업을 추진 중이다. '상상플랫폼 조성사업'이다. 상상플랫폼은 3D홀로그램과 가상현실 등 첨단 문화시설과 함께 공연·전시회장 등 문화 공간으로 활용하는 프로젝트다. 엔터테인먼트, 공연, 전시, 창업 등 다양한 용도가 복합된 공간으로 활용하겠다는 것이 인천시 구상이다. 인천시 관계자는 "이 창고가 가진 장소적 역사성을 살리면서 문화 콘텐츠 등을 새롭게 양성할 수 있는 새로운 공간으로 재탄생시킬 것"이라며 "상상플랫폼 조성사업은 구도심과 지역경제 활성화에도 기여할 것"이라고 말했다.

1997년부터 이 창고를 운영한 ㈜동부 김종식 전 인천지사장은 "이 창고는 아르헨티나와 브라질 등지에서 온 사료 부원료 등을 주로 보관하던 창고"라며 "내항에서 가장 큰 창고였다. 내항 1·8부두 재개발과 맞물려 활용 방안이 모색되고 있는데, (과거) 인천항 물류에 큰 역할을 했듯 (앞으로도) 지역사회에 더 크게 기여할 수 있기를 기대한다"고 말했다.

인천의 산업역군 **화물차**

항만과 내륙 잇는 물류 대동맥, 엔진이 멈추면 경제도 멈춘다

툭하면 도로 위 '애물단지' 취급을 받는 화물차가 인천에서 모두 사라지면 어떻게 될까. 우선 배를 통해 인천항으로 수입된 화물들이 갈 곳을 잃고 적치돼 야적장부터 마비될 것이다. 인천의 철강, 제조, 목재, 자동차 업체는 물론 전국에 화물을 수입·수출하는 업체들은 영업을 중단할 수밖에 없다. 마트·시장은 텅텅 비고, 매대 위 물건의 가격은 천정부지로 오를지 모른다. 그야말로 '물류 쇼크'다. 화물차는 대한민국 물류 대동맥을 잇는 핏줄이나 다름없다. 24시간 잠들지 않는 화물차는 전국 방방곡곡을 돌며 필요한 화물을 필요한 곳에 나르고 있다. 2000년대 들어 화물차는 환경, 안전 문제가 중요한 가치로 떠오르며 애물단지 취급을 받지만, 대한민국 그리고 인천의 경제 성장에 빼놓을 수 없는 '산업 역군' 역할을 하고 있다는 사실은 변하지 않는다.

2018년 8월 27일 오전 11시께 인천 중구의 한 컨테이너 화물자동차 휴게소. 28년 경력의 화물차 운전기사 박신환(51) 씨가 컨테이너

를 실은 25t급 대형 화물차를 주차한 뒤 잠시 휴식을 취하고 있었다. 박씨는 이날 아침 7시께 집에서 나와 8시께 송도 선광신컨테이너터미널에서 화물을 하나 실은 후 주차장에 정박하고, 10시께 다른 화물을 하나 더 싣고 오는 길이었다. 먼저 실은 화물은 이날 오후까지 경기도로, 다른 화물은 내일 아침 일찍 서울로 간다. 하역장에서 화물을 받기까지 걸리는 대기 시간이 짧게는 30분에서 길게는 3~4시간에 달하다 보니 여유가 있을 때 화물을 미리 받아놓은 것이다.

박씨는 "갠트리 크레인(컨테이너를 옮기기 위한 항만용 기중기)이 꼿꼿이 서 있지 않고 배 위로 내려가 작업을 하고 있으면 그날은 '망했다'고 보면 된다. 기본 3시간 이상은 대기해야 한다는 뜻"이라며 "한진컨테이너터미널, 인천컨테이너터미널 등 그날 대기 시간에 따라 기사들이 화물 하나를 더 나를 수도 있고 덜 나를 수도 있어 항상 갠트리 크레인 위치를 예민하게 확인한다"고 말했다.

인천항을 오가는 화물차 운전기사들은 한 번 나가면 1주일씩 지방을 도는 '장거리파', 수도권 일대를 오가는 '근거리파', 인천 내 공장과 창고에서 화물을 실어나르는 '시내파(창고발이)'로 나뉜다. 운송 회사에 속해 일감을 받아 일하는 기사도 있고, 개인이 애플리케이션을 이용해 물건을 직접 잡아 운송하는 기사도 있다.

작은 운송업체에 속해 있다는 박 씨는 2년 전까지는 장거리를 왕복하다가 지금은 일이 없어 근거리 중심으로 하루에 1~3개의 화물을 나르고 있다. 그는 "1억4천만원대 차 할부금을 갚기 위해 장거리를 왕복할 땐 길에서 잤다. 1주일에 한 번 집에 가며 힘겹게 지낸 적도 있다"면서 "경유가 비싸 여름엔 창문에 방충망을 쳐놓고 모기와

🔺 화물차 운전기사 박신환 씨가 중구 항동 화물차 휴게소에서 경기도의 한 공장으로 화물을 싣고 가기 위해 운전하는 모습(좌)과 컨테이너 화물을 고정하고 있는 모습(우).

사투를 하고 겨울엔 두꺼운 침낭과 이불에 의지해 차 안에서 먹고 자며 일했다"고 회상했다.

화물차 기사들의 근로 조건은 열악하기로 '악명' 높다. 이들이 대규모 파업을 벌이면 인천항이 '휘청'할 때도 있었다. 인천항에 가장 큰 영향을 준 파업 중 하나가 2003년 8월에 있었다. 당시 인천 지역 화물연대는 운송료 인상과 단가 공개, 과속 강요 중단, 휴게소 마련 등 근로 여건 개선을 요구하며 약 1주일간 파업을 벌였다. 고작 차량 120여 대가 멈춘 것인데 하루 평균 컨테이너 처리량이 평소의 66% 선으로 줄었다. 당시 《경인일보》 보도를 보면 화물연대 파업으로 인천항 4부두의 컨테이너 반입량은 20%, 반출량은 40%가량 감소했다. 하역된 물품이 쌓이며 '야적장 대란'이 벌어지기도 했다. 이후 정부와 인천시는 화물차 휴게소 설치 등 기사들의 복리 증진에 부랴부랴 나섰지만, 현장에서는 여전히 불투명한 운송단가, 운송료 후려치기, 주차장·휴게소 부족 등으로 몸살을 앓고 있다.

특히 2004년 정부가 화물차량의 급증을 막고자 영업용 화물차를 '신고제'에서 '허가제'로 바꾸면서 기사들의 근로 여건은 더 나빠졌다. 한정된 영업용 번호판을 사고파는 관행이 생기면서 운수업체들이 화물차 운전자에게 차량관리비 명목의 위·수탁료, 일명 '지입료'를 받으면서다. 금액은 최저 2천만 원에서 4천만 원까지 달하는 것으로 알려졌다. 인천의 한 화물차 운전기사는 "운수업체가 지입료를 다 받고는 강제로 번호판을 뺏고 돈을 요구하는 경우가 이 바닥에 비일비재하다"고 토로했다.

물량이 많고 운송료도 높아 화물차 기사들이 경제적으로 풍요로웠던 1970~1990년대만 해도 인천항 인근 중구·동구 '먹자골목'이 화물차 기사들로 꽉꽉 들어찼다. 하지만 열악한 환경으로 기사들이 평택항 등 다른 지역으로 빠져나가거나 일을 그만두면서 식당 거리는 쇠퇴의 길을 걸었다. 김근영 화물연대본부 인천지부장은 "화물차 값, 물가, 경유가 등 모든 제반 비용은 올랐지만, 운송료는 10년 전과 거의 다르지 않아 과적·과속에 내몰리고 있다"며 "장기적으로는 표준운임제를 통한 운송료 현실화가 필요하며, 번호판을 거래하는 악습을 끊을 수 있도록 명의신탁제를 폐지해야 한다"고 강조했다.

인천시에 등록된 영업용 화물차 대수는 3만 3천여 대. 인천연구원이 2010년 발간한 「인천항 화물자동차 통행특성」 보고서를 보면 인천시 화물차의 통행량은 1일 20만2천여 대로, 전국 발생량의 6.53%를 차지한다. 서울(12.36%)을 제외하면 두 번째로 높다. 화물차 도착지로는 인천→경기가 36.2%로 가장 높고 그다음 인천→서울이 16%

로, 대부분 수도권 물류를 책임지고 있다. 인천항 특성상 전체 화물의 55.7%가 컨테이너 화물차다. 일반 화물차는 하루 평균 1.93회를, 컨테이너 화물차는 하루 평균 3.06회를 오가는 것으로 나타났다. 수도권 화물이 많아 다른 지역에 비해 단거리·단시간 운송이 많은 게 인천 화물차의 특징이다.

화물차가 없던 시절 인천항의 물류는 '우마차'가 책임졌다. 사람이 직접 지게로 나르지 않는 한 우마차는 유일한 화물 운송 수단이었다. 인천~서울 교통편은 우마차를 이용한 12시간 거리의 육로와 인천~용산을 연결하는 뱃길이 전부였다. 1899년 우리나라 최초 철도인 경인철도가 개통하면서는 인천역~축현역~우각동역~부평역~소사역~오류역~노량진역 등 7개 역(33.2㎞ 구간)을 1시간 30분에 걸쳐 오전과 오후 하루 두 차례씩 왕복하며 사람과 화물을 실어 날랐다. 우마차는 1900년대까지 존재했다. 1940년 1월 12일자 《동아일보》 '세월 맞난(만난) 우마차'라는 제목의 기사를 보면 "우마차는 중공업 도시 건설로의 비약으로 중공업건설건축자재 운반의 좋은 세월을 만나 한 마차 하루 벌이가 7원 이상이라는 호황을 보고 있다. 한산한 정미 공업도 마차를 얻을 수 없어 크나큰 지장을 초래하고 있다"고 했다. 이후 소형 화물차가 도입됐지만 차량 대수 부족 등의 문제로 한동안 우마차는 꾸준히 시장의 운송을 책임졌다.

그러나 정부는 1960년대 중반부터 우마차 통행이 교통 소통에 막대한 지장을 초래한다고 판단했다. 우마차를 통제하는 한편 화물차를 증차해 통행을 늘렸다.

인천의 가장 큰 고민거리는 인천항과 한반도 각지를 연결할 교통

🔺 인천항을 나선 화물차들이 목적지로 가기 위해 신호대기 중인 모습.

망 구축이었다. 1969년 대한민국 최초 고속도로인 경인고속도로 개통은 인천항~서울 수송 체계의 변혁을 가져왔다. 경인고속도로가 개통됐던 1969년 30.8%에 불과했던 화물차 비율은 불과 4년만인 1973년 50%를 넘겼다. 도로는 왕복 6~8차선까지 확장을 거듭했고 산업은 빠르게 성장했다. 1996년 경기도 성남과 인천을 연결하는 제2경인고속도로와 2010년 경기도 시흥과 인천을 잇는 제3경인고속도로가 추가로 확충되며 인천의 수도권 물류 인프라는 날개를 달았다.

화물차 모습 역시 계속해서 진화했다. 최초의 화물차는 1963년 일명 '삼륜 용달'로 불린 T-600이다. 500kg 정도의 짐을 실을 수 있었으며 좁은 골목에 제격이었다. 이후 1t 이상 적재가 가능한 T-1500이 생산되면서 화물차는 급격히 발달해, 지금은 약 20t까지 적재할 수 있다. 카고, 윙바디, 덤프 등 종류도 다양하다.

서해안 물류 거점 도시를 넘어 통일 시대 '환황해권' 물류의 중심으로 도약할 인천은 이제 화물차와의 '공존'이 필요하다. 영업용 화물차가 3만여 대에 달하는데도 화물차 차고지(주차장)는 3천700여 면에 그치는 게 인천의 현실이다. 이마저도 서구·계양구 등 인천항과 먼 지역에 있다. 승용차와 함께 쓰는 주차장의 경우 실제 활용 면은 턱없이 적다. 불법 주차와 교통 체증 등 화물차 민원은 갈수록 많아지지만, 정부와 항만 관련 기관의 인프라 확충이나 지자체의 도시계획 수준은 여전히 갈 길이 멀다.

인천시 화물자동차운송사업협회 박요화 전무는 "정부, 인천시, 인천항만공사 차원에서 화물차의 주차장 확보, 하역 효율화 등 물류시스템의 선진화를 위해 지금보다 더 책임감 있게 노력해줘야 한다"며 "인천항 물동량 300만 TEU 시대에 화물차는 인천 경제의 원동력이자 대한민국 경제를 이끌고 있다는 인식 전환이 어느 때보다도 필요하다"고 말했다.

인천항과 시설기관

인천항 관문 **갑문**

바다의 신호등 **항로표지시설**

인천항 운영기관 **인천항만공사**

바다 수호 첨병 **해양경찰**

인천의 **해원양성 교육기관**

인천항 관문 **갑문**

세계 No.3 조수 간만 차 극복한 '바다의 엘리베이터'

"NGB 인천대교 통과. 10시 20분에 갑문 도착합니다."

2018년 10월 19일 오전 10시 10분께 인천항 갑문 관제탑에서 무전이 울렸다. 인천항에 들어오는 선박에 탑승한 도선사가 보낸 것이다. 'NGB'라고 지칭된 이 선박은 인천항과 중국 웨이하이威海를 오가는 3만 1천 t급 대형 카페리 '뉴골드브릿지7'호. 인천 내항에 있는 제2여객터미널에 입항하려면 반드시 갑문을 통과해야 하기 때문에 갑문 관제탑에 필요한 정보를 제공한 것이다.

10시 20분께 뉴골든브릿지7호가 갑문 앞에 모습을 나타냈다. 갑문 주변에는 경고음이 울렸고, 1천50t에 달하는 외측 갑문이 천천히 열렸다. 배가 갑거(수로)에 완전히 진입하자 외측 갑문이 닫혔고, 배에서 내린 4개의 줄을 줄잡이들이 고정하기 시작했다. 인천항만공사 갑문운영팀 강석현 차장은 "내항과 외항의 수면 높이를 맞춰야 한다. 수로에 물을 채우는 과정에서 배가 흔들려 갑벽에 부딪힐 수 있기 때문에 배를 고정하는 것"이라고 설명했다.

🔺 인천항 갑문으로 3만 1천 t 급 대형 카페리선 뉴골든브릿지 7호가 들어오고 있다. 인천항은 세계에서 세 번째로 큰 9~10m의 조수 간만의 차로 갑문 운영이 필수적이다. 갑문 관제탑에서 촬영한 사진.

 배가 고정되면 수로에 물이 들어온다. 이날 10시 20분쯤 외항의 수위는 4.7m. 내항의 해수면 높이는 최소 7m로 유지되기 때문에 수로에서 내항과 외항의 수위를 맞춰야 한다. 강 차장은 "내항의 수위가 높은 경우에는 내항 쪽에서 (수로로) 물을 보내고, (배가 수로에 들어온 후) 외항의 수위가 높으면 내항으로 물을 흘려보낸다"고 했다.

 1883년 개항한 인천항은 세계에서 세 번째로 큰 9~10m의 조수 간만의 차를 극복해야 했다. 썰물 때 갯벌이 훤히 드러날 정도여서 큰 배는 물론 작은 배도 인천항에 접안하기 어려웠다. 이 때문에 선박이 인천 앞바다에 정박해 있으면 작은 배가 다가가 사람과 짐을 날랐다.

인천항을 통한 물동량이 늘어나면서 일본은 만조와 간조를 가리지 않고 언제나 선박이 입항할 수 있는 시설을 원했다. 이에 1911년 항만 설비 확장 공사를 시작했고, 1918년 10월 27일 우리나라 최초의 근대적 갑문이 인천항에 설치됐다.

1962년 시작된 경제개발 5개년 계획에 따라 당시 7~8%대의 경제성장률을 기록했는데, 인천항의 화물 증가 추세는 이보다 3배가 넘었다고 한다. 경인 공업지역의 원자재와 소비재 물동량이 급격히 늘었기 때문이다.

하지만 당시 갑문 안쪽의 인천항 시설은 4천500t 급 3선석에 불과해 수도권 지역 물동량을 감당하기 어려웠다. 정부는 1964년 인천항 갑문 제2선거 공사에 착수했고, 1974년 현재의 인천항 갑문이 설치됐다. 100년 전 축조한 갑문은 바닷속에 가라앉았다. 현재는 인천 내항 1부두 주변에서 일부 흔적을 확인할 수 있다. 인천항 갑문은 최대 길이 306m, 너비 32m를 가진 선박이 이용할 수 있는 5만 t 급과 길이 215m, 너비 19m 선박이 이동하는 1만 t 급 등 총 2개 수로로 운영되고 있다.

갑문 축조와 내항 확장으로 안정적인 하역 환경이 조성되면서 인천항의 수출도 증가하기 시작했다. 『인천항사』에 따르면 인천항의 수출액은 1973년 3억 1천791만 3천 달러에서 갑문 완성 이듬해인 1975

🔺 인천항 갑문 관제실. 이곳에서 인천 내항과 외항의 수면 높이를 조절한다.

년 5억 9천941만 8천 달러로 급증했다. 1978년에는 사상 처음으로 10억 달러를 돌파했다. 2004년 인천 남항이 개항하기 전까지 인천 내항은 몰려드는 배를 감당하기 어려울 정도였다.

인천 남항에 이어 북항, 신항까지 문을 열면서 내항을 찾는 선박은 줄어들고 있다. 인천항만공사에 따르면 인천항 갑문을 입출항하는 선박은 2005년 1만 3천140척을 정점으로 계속 감소하고 있다. 벌크화물 하역항인 북항이 개항한 2010년 8천395척, 컨테이너 전용부두인 내항 4부두가 가동을 멈춘 2017년에는 5천52척만 갑문을 이용했다. 2005년에 비해 60% 이상 입출항 선박이 줄어든 셈이다. 2017년 물동량도 하역량이 가장 많았던 2004년(4천529만 t)의 절반 수준에 불과한 2천353만 3천730t으로 떨어졌다. 하역 장비의 발달로 수심과

🔺 인천항 갑문을 통과하기 위해 배가 대기 중인 모습.

관계없이 선박에서 짐을 싣고 내릴 수 있다 보니, 30분 이상 걸리는 갑문을 출입하기 꺼리는 것이다.

하지만 갑문 속에 있는 내항은 아직 항만으로서 가치가 충분하다. 1978년부터 갑문에서 근무한 인천항만공사 김익봉 갑문운영팀장은 "갑문은 24시간 해수면 높이가 일정하고, 물이 잔잔하기 때문에 정밀기계나 자동차 하역에 적합한 항구"라며 "인천항 발전을 이끌어온 항구"라고 말했다.

수탈의 파도에도 지워지지 않은 조선인의 피와 땀

1918년 10월 26일. 일본우선주식회사 깃발을 단 기선 한 척이 인천 앞바다에 있는 사도沙島를 지나 바다 위 거대한 철문 앞에 멈췄다. 두 개의 갑문을 지난 배는 400m가 넘는 거대한 길이의 부두에 정박했다. 8년여 동안 진행한 인천항 축항(갑문 건설) 공사를 마무리하고 준공식에 앞서 가진 시험 운항이었다. 이튿날 오전 10시 30분께 2대 조선총독을 지낸 하세가와 요시미치長谷川好道 등 700명의 관계자가 참석한 가운데 인천항 축항 공사 준공식이 개최됐다. 수심이 얕고 9~10m에 달하는 조수 간만의 차 때문에 24시간 선박 접안이 어려웠던 인천항에 4천500t 급 기선 세 척이 항상 정박할 수 있는 항만 시설이 만들어진 것이다.

◀ 1918년 10월 27일 열린 인천항 축항공사 준공식 모습. / 인천항만공사 제공

▼ 1918년 완공된 인천항 갑문에 선박이 입항하는 모습. 초창기 갑문은 현재 운영되는 슬라이딩 게이트(미닫이) 방식이 아닌 마이터 게이트(여닫이) 형태로 제작됐다.

조선총독부는 물자를 원활하게 수탈하기 위해 1911년 현재 인천항 제1부두 근처에서 갑문 건설사업을 시작한다. 1933년 발간한 『인천부사』에 따르면 1911년부터 1918년까지 진행한 공사에는 391만 4천455엔이 사용됐다. 1918년 당시 일본 내 쌀 한 섬(150㎏) 가격이 10엔이었던 점을 고려하면 일본 돈으로 300억 엔, 우리나라 돈으로 3천억 원이 넘는 예산이 사용된 셈이다.

조선총독부가 막대한 예산을 투입한 이유는 인천항이 우리나라 미곡 수출의 중심지 역할을 했기 때문이다. 인천항은 1910년대부터 군산, 부산 등을 제치고 국내에서 가장 많은 쌀과 콩을 수출하는 항구 도시가 됐다고 한다. 1910년대 인천에서 투기의 일종인 '미두米豆'가 가장 성행한 것도 인천으로 쌀이 모였기 때문이다. 미두는 일정한 날짜를 정해 놓고 그 기간 내에 쌀을 사거나 팔아 시세 차익을 얻는 방식이다.

일본이 우리나라 곡물을 자국으로 반출하기 위해 진행한 축항 공사에는 조선인이 동원됐다. 특히, 인천 내동에 있던 경성감옥 인천분감에 수감된 조선인 죄수들이 대거 끌려갔다. 그 가운데 백범 김구(1876~1949)도 있었다. 김구는 1911년 '안악 사건'(1910년 11월 안명근 군자금 모금 사건)으로 서울에서 옥살이를 한다. 1914년 39세 때 인천 감옥으로 이감돼 축항 공사 현장에서 강제 노역을 했다.

그는 『백범일지』에 '아침저녁 쇠사슬로 허리를 매고 축항 공사장으로 출역을 간다. 흙 지게를 등에 지고 10여 장의 높은 사다리를 밟고 오르내린다. 불과 반일 만에 어깨가 붓고 등창이 나고 발이 부어서 운신을 못 하게 된다. 너무 힘들어 바다에 빠져 죽고 싶었으나 그

▲ 1911년 인천항 축항공사에 동원된 인천 내동 경성감옥 인천 분감 조선인 죄수들 모습.
/인천항운노동조합 제공

러면 같이 쇠사슬을 맨 죄수들도 함께 바다에 떨어지므로 할 수 없이 참고 일했다'고 참담한 심정을 기록했다. 인천항 내항 1부두 동쪽과 남쪽 시설은 콘크리트로 덧씌운 탓에 옛 축항의 흔적을 찾아볼 수 없지만, 북쪽 석축은 예전 모습 그대로다. 석축 위로 정박한 배를 묶어 두는 계선주繫船柱 역시 당시 모습대로 열을 지어 서 있다.

 1930년대 인천 지역에 군수공장이 늘어나면서 일본은 인천항을 확장할 계획(제2선거 건설)을 세웠다. 인천항만공사가 2008년 발간한 『인천항사』에 따르면 당시 제2선거를 계획했던 지역은 지금의 인천 북항 일대로 추정된다. 인천도시역사관 배성수 관장은 "조선기계제작소(현 두산인프라코어), 조선목재, 동양방적(현 동일방직) 등 군수 물자 보급을 위한 공장들이 세워지면서 인천항 물동량이 많이 늘어났다"

▲ 현재의 갑문이 지어지기 전인 1966년 인천항 전경. /인천항만공사 제공

고 설명했다. 그러나 조선총독부의 제2선거 건설 계획은 태평양 전쟁이 확대되면서 공사 비용을 확보하지 못해 백지화됐다.

일본이 시작하지 못한 공사는 1960년대 우리 정부에 의해 추진됐다. 경제개발 5개년 계획에 따라 1965년부터 서울 구로와 인천 부평·주안에 한국수출산업공업단지가 차례로 조성되면서 인천항의 화물이 급격히 증가했다. 1960년 46만 6천259t이었던 인천항 물동량은 1969년 279만 8천 t으로 600%나 올랐다. 인천연구원 김창수 도시경영센터장은 "당시에는 육로 운송 인프라가 제대로 갖춰져 있지 않아 부산 등 다른 지역까지 화물을 운반할 여건이 충분하지 않았다"며 "구로, 부평, 주안 등 공장에서 필요한 원자재 가운데 대부분이 인천항으로 수입될 수밖에 없었다"고 했다.

1974년 현재의 갑문이 만들어지면서 인천항은 컨테이너 하역 전용 부두인 4부두를 포함해 2부두와 3부두 등 5만 t 급 이상 대형 선박들을 동시에 접안해 하역할 수 있는 기능을 갖춘다. 항만 인프라가 만들어지면서 인천항 물동량도 급증했는데, 1979년에는 2천 400만 t의 물동량을 처리했다.

1980년대 들어서면서 인천항 물동량이 3천만 t에 육박하기 시작했다. 당시 갑문은 항상 배들로 가득했다는 게 당시 근무자들의 설명이다. 김익봉 인천항만공사 갑문운영팀장은 "인천항 갑문에 하루 50척의 선박이 드나들 수 있는데, 58척의 선박이 통항한 적도 있었다"며 "인천 앞바다와 내항 안에는 갑문을 이용하려고 대기하는 선박이 항상 보였다"고 회상했다 이어 "입출항 선박이 너무 많아 갑문을 거의 온종일 열어 놓다 보니 내항의 물이 계속 줄어들어 수심이 낮아지는 현상까지 벌어졌다"며 "내항이 일정 수위를 계속 유지할 수 있도록 외항의 물을 내항으로 공급하는 공사도 실시했다"고 덧붙였다.

2018년 10월 27일은 인천항 갑문이 처음 만들어진 지 100년째 되는 날이었다. 그러나 인천 지역에서는 별도의 행사 없이 이를 조용히 지나쳤다. 현재 남아있는 갑문이 100년 전 만들어진 것도 아닌 데다, 일제 수탈의 역사를 굳이 기념할 필요가 없다는 이유에서다. 하지만 전문가들은 우리나라 산업화의 상징이었던 인천항 갑문의 축조일은 역사적으로 기념할 가치가 충분하다고 지적한다.

김창수 센터장은 "인천항 갑문은 조선인의 피땀으로 만들어졌고, 우리나라 경제 발전의 견인차 구실을 한 시설"이라며 "명암이 함께 공존하는 시설이기 때문에 갑문의 의미를 다시 되돌아보는 일은 인천시 등 관계기관이 반드시 추진해야 한다"고 강조했다.

바다의 신호등 **항로표지시설**

긴 밤여행에 지쳐갈 때쯤
반갑게 손짓하는 불빛

바다 위 깜깜한 어둠을 뚫고 반짝이는 등대. 어둠 속 길을 잃은 배에는 안내자가 되고 길고 긴 항해를 마무리하는 배엔 곧 찾아올 휴식을 알려주는 희망과 같은 존재다. 인천 앞바다 팔미도에는 1903년 6월 1일 우리나라에서 처음으로 불을 밝힌 등대가 있다. 2018년 5월 4일 오후 팔미도 등대를 찾았다. 팔미도 등대에 가려면 연안부두에서 출발하는 유람선을 이용해야 하는데, 미리 일정을 확인하는 것은 필수다. 황금색 물고기 모양의 장식이 달린 196t급 유람선 '금어호'에 20여 명의 관광객과 함께 몸을 실었다. 오전 치과 진료를 마치고 부대로 복귀한다는 해군 병사도 있었다. 팔미도에는 등대를 관리하는 항로표지관리원과 군인만 산다. 일반 주민은 없다. 2009년 '등대해양문화공간'이 조성되면서 처음으로 민간에 개방됐다.

배를 탄 지 1시간가량 지나 팔미도 부두에 도착하니 정창래(56) 팔미도 항로표지관리소장이 반갑게 맞았다. 팔미도 등대의 정식 명칭은 '인천지방해양수산청 팔미도 항로표지관리소'로 정 소장과 다른

항로표지관리원 2명이 교대로 근무한다.

등대에는 모두 3명이 일하는데, 20일을 근무하고 뭍으로 나와 9일을 쉰다고 한다. 1명이 쉬는 동안 섬에 남아 있는 2명이 상주하며 12시간씩 교대로 일한다. 20일을 등대에 묶여 있다 보니 가족들과 시간을 보내지 못하는 것이 가장 힘든 일이다. 정 소장은 "정말 큰일을 제외하고는 가족이 아프거나 다치는 등 '아주 사소한' 일로 근무를 바꾸는 경우는 거의 없다"며 웃었다.

정 소장은 1995년 공채로 공직에 입문한 지 23년이 됐다. 인천항부두관리공사에서 8년 정도 일했는데, 안정적인 공무원 신분이 더 좋을 것 같다는 친지의 권유로 입사하게 됐다. 그는 등대에서 일하는 항로표지관리원들이 '등대지기'라는 말을 싫어한다고 살짝 귀띔했다. "전문 자격증이 필요한 일"이라고 그는 말했다.

정 소장의 안내를 받아 등대보다 한참 아래에 마련된 숙소에 짐을 풀었다. 등대로 가기 위해 언덕을 오르다 보니 단층 목조 '팔미도

▲ 연안부두에서 유람선을 타고 가다 보면 우리나라 최초의 등대가 있는 팔미도에 도착한다. 유람선에서 바라본 팔미도 전경.

🔺 팔미도 등대 사무실이 잘 보존돼 있다.

등대 옛 사무실' 건물이 눈에 띄었다. 정확한 건축 시기는 알 수 없지만, 1903년 팔미도 등대 점등 이후 지어져 1962년 5월 사무실을 신축 이전하기 전까지 이용됐다. 이후에는 팔미도 주둔 해군 병사의 교회로 이용했다고 한다. 내부는 항로표지관리원의 모습을 재현한 인형과 옛 등대일지, 시계, 통신기, 일본에서 만든 구형 테스터 장비 등으로 꾸몄다. 이 가운데에는 정 소장이 팔미도에 처음 발령받아 실제 사용했던 물건도 있다고 한다. 팔미도는 그의 첫 발령지이고 이번이 두 번째 근무다.

사무실 안에 걸린 가족사진에 눈이 머물렀다. 옛날에는 항로표지 관리원 가족들이 등대에 함께 머무른 경우도 많았다. 학교에 입학할 나이가 된 자녀들이 섬을 나오면 인천 자유공원 근처에 있는 '등대직원합숙소'에서 돌봐줬다. 지금으로 따지면 직장어린이집과 비슷한 보육시설이었던 셈이다. 지금은 인천해수청 직원들의 관사로 용도가 바뀌었다.

언덕을 마저 오르니 작은 등대와 큰 등대가 모습을 드러냈다. 작은 등대를 '구舊 등대'라고 부른다. 이 작은 등대가 1903년 6월 1일 불을 밝힌 우리나라 최초의 등대다. 정 소장은 "등대와 붙어있는 돌담도 옛 모습 그대로"라고 했다. 큰 등대는 2003년 팔미도 등대 점등 100주년을 맞아 '팔미도 등대 종합정비사업'에 따라 새롭게 지어진 '신新 등대'다.

팔미도 구 등대는 우리나라 항로표지의 효시라는 역사적 가치가 있는 근대문화유산이기도 하다. 2002년 2월 4일 인천시 유형문화재

제40호로 지정됐다.

그 역사는 100여 년 전으로 거슬러 올라간다. 우리나라 항로표지의 설치와 관련 업무는 어떤 해사 업무보다도 일찍 근대화된 편이다. 서세동점西勢東漸의 시기 인천항은 서양, 중국, 일본의 배들이 우리나라를 드나드는 관문이었다. 그 가운데 팔미도는 인천항 도착이 임박했음을 알려주는 이정표 같은 섬이다. 지도를 보면 금방 이해된다. 배가 인천항에 들어오려면 뱃머리를 동쪽으로 향하게 하고 덕적군도와 자월도를 지나 무의도와 영흥도 사이를 통과해야 한다. 그런 다음에 북서쪽으로 방향을 크게 바꿔야 하는데, 팔미도가 딱 뱃머리 방향을 바꾸는 '변침점'에 있다.

🔺 인천시 유형문화재 제40호로 지정된 팔미도 구 등대.

서해, 특히 인천 앞바다는 무수한 섬과 암초가 있고 조석 간만의 차가 크다. 해류가 급격하게 변하고 해상 사고도 빈번했다.

포항에는 우리나라 등대 역사가 망라된 국립 등대박물관이 있다. 전만희 국립 등대박물관 학예사는 "열강의 자국 선박들이 안전하게 조선을 드나들기 위해서는 등대가 필수적이었다. 열강은 조선에 등대를 요구했고, 팔미도에 등대가 만들어진 건 어찌 보면 너무도 당연했다"고 설명했다. 우리나라는 러일전쟁을 앞둔 일본의 강권에 못이겨 1902년 해관등대국을 설치하고 그해 팔미도·소월미도·북장자서·백암에 등대 건설에 들어가 1903년 6월 완공했다. 우리나라 등대가 조선으로 몰려오는 세계 열강의 길잡이 역할을 한 것이다. 역사민속학자이자 해양문화사가인 등대 전문가 주강현 제주대 석좌교수가 우리나라 등대를 '제국의 불빛'이라고 부르는 이유다.

형님인 '꼬마 등대'와 100살 차이가 나는 아우인 '거대한 최신식 등대'가 나란히 서 있는 모습이 이색적으로 다가왔다.

옛 등대와 지금 신식 등대는 많은 차이가 있다. 지금은 전기로 작동하지만 과거에는 석유 연료로 등댓불을 밝혔다. 정 소장은 "선배들은 불을 밝히기 위해 매일 석유통을 짊어지고 날라야 했는데, 눈이나 비라도 내리면 무척 힘들었던 시절이 있었다"고 말했다.

등대는 일몰 3분 후 점등해 일출 3분 전 소등하는 것이 원칙이다. 예전에는 매번 날짜와 시간을 확인해야 해 번거로웠지만, 지금은 자동화 시스템으로 작동된다. 20년 치 일출·일몰 시각이 입력돼 있어 점등과 소등에 신경 쓸 일이 없다. "혹시 자동화 이전 시절에 시간을 제대로 맞추지 못한 경우가 있었느냐"는 질문에 정 소장은 "그런 경우는 단 한 번도 없었다"며 웃었다.

현재의 팔미도 등대는 대형 회전식 등명기와 전망대, 100주년 기념 상징 조형물, 위성항법보정시스템 기준국 등 최첨단 시설을 갖추고 있다. 특히 등대의 불을 밝히는 등명기는 국내 기술로 개발된 프리즘렌즈 대형 회전식 등명기로, 50km까지 비추며 10초에 1번씩 번쩍인다.

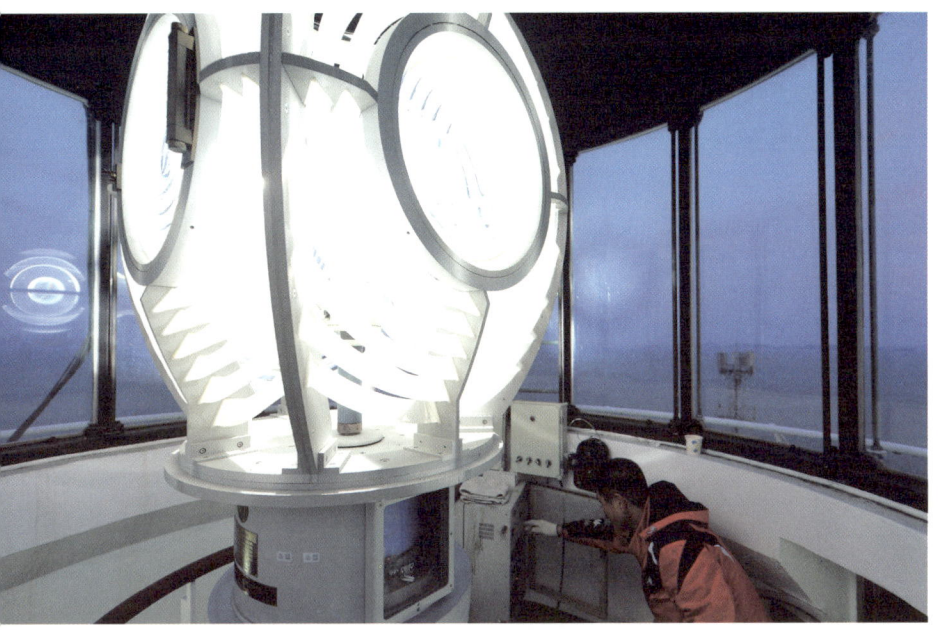

▲ 어둠이 시작되자 정창래 팔미도항로표지관리소장이 등대 꼭대기에 있는 등명기를 점검 하고 있다.

정 소장은 우리나라 최초이자 인천상륙작전의 시작을 알린 '팔미도 등대'에서 근무하는 것에 자부심을 가지고 있었다. 그는 "팔미도 등대가 100년 동안 하루도 거르지 않고 불을 밝혔고, 한국전쟁의 전세를 뒤집은 결정적인 공헌도 했다"며 "제가 이곳을 떠나더라도 팔미도 등대가 배들이 안전하게 드나들 수 있도록 제 역할을 해줬으면 하는 바람이 있다"고 말했다.

언제나 그 자리에 보석같이 빛나는 안내자

2018년 5월 14일 오전 9시 30분 인천항 역무선 부두에 안개가 걷혔다.

"오늘 작업 계획대로 진행합니다."

인천지방해양수산청 소속 항로표지선 '인성2호' 이재철(41) 선장이 안개로 작업 여부가 불투명했던 항로표지시설 점검을 계획대로 진행한다고 동료들에게 알렸다. 선장을 포함한 8명의 승조원은 바람을 막을 수 있는 옷으로 갈아입고 각자 필요한 짐을 챙겨 역무선 부두에 묶여 있는 배로 향했다.

오전 9시 50분. 모든 승조원이 일사불란한 움직임으로 출항 전 선박 점검을 마쳤다. 항로표지선의 시동을 걸고 부두에 묶인 홋줄을 풀어 출항하기까지 20분이면 충분했다. 출항 후 5분 정도 지났다.

"저 앞에 보이는 초록색 표지가 '등부표燈浮標'라고 부르는 항로표지시설입니다. 배들에게 중요한 길잡이가 됩니다."

땅 위에 길이 있고 교통 표지판과 신호등이 있는 것처럼 바다 위에도 항로가 있고 그 길을 표시하는 시설이 있다. 이를 항로표지라고 한다. 우리가 잘 아는 등대가 바로 항로표지시설 가운데 하나다.

항로표지 방식은 불빛과 형상을 이용하는 '광파표지', 형상과 색을 이용하는 '형상표지', 청각에 의한 '음파표지', 무선을 쓰는 '전파표지', 그 밖의 '특수신호표지' 등으로 나뉜다.

광파표지에는 등대·등주·등표·등부표 등이 있고, 형상표지에는 입표·도표·부표 등이 있다. 음파표지는 전기혼·공기사이렌·모터사

이렌·종 등이며, 전파표지는 라디오비콘·레이더비콘·위성항법보정시스템(DGPS) 같은 것들을 말한다. '등'이라는 글자가 있으면 야간에 불빛이 들어오는 항로표지고, '부'라는 글자가 있으면 고정된 것이 아니라 바다 위에 떠 있는 것이다. 쉽게 말하면 광파표지는 빛, 형상표지는 형태와 색깔, 음파는 소리, 무선은 전파를 이용한다고 보면 된다. 인천항에는 총 725(사설 표지 포함)개의 항로표지가 설치돼 있다.

인천해수청은 정기적으로 관할 구역의 바다를 돌면서 항로표지 시설을 점검하는 항로표지선 2

척을 운영 중이다. 항로표지선 1척에는 항해사 3명과 기관사 3명 그리고 항로표지관리원 2명이 탑승하는데 이들이 한 팀을 이뤄 작업한다.

이날 인성2호의 첫 점검 대상은 인천항24호 등부표였다. 멀리서 보면 자그마했는데 가까이 가 보니 적어도 어른 두 사람 키 높이를 넘어 보였다. 바다 위를 떠도는 것 같지만 바닥에 무거운 추가 있고

▼ 등부표 점검은 위험한 작업이어서 항로표지점검원 이외의 항로표지선 모든 승조원이 돕는다.

▼ 등부표 태양전지 효율을 높이기 위해 오물을 닦아내고, 등부표 바닥에 있는 축전지 전압을 전압계로 확인하고 있다. 최신형 등부표는 스마트폰에 설치된 애플리케이션으로 등부표의 작동 상태를 간편하게 확인할 수 있다.

굵은 체인으로 연결돼 있어 일정 범위를 벗어나지 않는다고 한다.

이재철 선장이 인성2호를 조심스레 등부표에 가까이 댔다. 승조원들은 밧줄로 등부표와 배를 묶어 고정했다. 바다가 출렁거릴 때마다 등부표와 배가 부딪히며 '끼익'하는 소음을 일으켰다.

신덕식(39) 항로표지관리원은 "오늘은 바다가 무척 잔잔한 날이다. 매일 오늘만 같으면 이 일도 할만할 텐데"라고 말하며 웃었다. 날씨가 좋지 않은 날에는 생명의 위협을 느낄 정도로 위험한 순간이 많다고 한다.

빨간 구명조끼를 입은 신덕식 항로표지관리원은 등부표에 안전고리를 걸고 날쌘 몸놀림으로 등부표에 건너가 사다리를 타고 상부에 올라갔다. 등부표에 전력을 공급하는 태양전지판에 묻은 갈매기 배설물을 닦아내고 등명기가 잘 작동되는지 확인하는 작업을 수행했다. 동시에 밑에서는 김진호(39) 항로표지관리원이 등부표에 올라 테

스터기로 바닥에 깔린 축전지의 출력 전압을 체크했다. '14V(볼트)' 출력 전압을 확인하고 뚜껑을 닫았다. "출력 전압이 낮으면 축전지를 교체해야 한다. 축전지 무게가 20kg이 넘기 때문에 축전지 교체 작업도 결코 만만한 작업이 아니다"고 김진호 항로표지관리원은 설명했다.

점검을 마치고 다음 점검 대상인 인천항21호 등부표로 뱃머리를 돌렸다. 항로표지선은 인천항21호 등부표에 가까이 접근해 엔진 출력을 낮췄다. 이번 점검은 방금 이전의 점검 방법과 딴판으로 이뤄졌다. 등부표에 배를 묶지도 않았고, 점검원이 올라타지도 않았다. 대신 신덕식 항로표지관리원이 뱃머리에서 스마트폰을 들고 애플리케이션을 작동했다. 이 등부표는 최근 개발된 최신형으로, 상용화를 위한 테스트가 진행 중이다. 항로표지관리원의 스마트폰과 블루투스 방식으로 연결돼 등부표의 각종 상태를 손쉽게 확인할 수 있게 설계됐다. 신덕식 항로표지관리원 스마트폰 화면에는 등부표 ID와 전압·전류, 램프 작동 상태, 축전지 전압, 배터리 잔량 등이 표시됐다. 스마트폰 앱으로 등명기 램프를 껐다 켰다 반복하면서 이상 유무를 확인하고는 간단하게 점검을 끝냈다.

지금은 항로표지시설을 간편하게 스마트폰으로 점검하는 시대에 이르렀지만, 인천항에는 100년 넘는 세월을 버텨온 항로표지시설도 많다. 우리나라 최초 역사를 간직한 채 100년을 버텨온 팔미도 등대를 비롯해 벽돌로 쌓아올린 백암등표(1903년), 북장자서등표(1903년), 부도등대(1904년) 등이 있다. 모두가 소중하게 여겨야 할 근대문화유산이다.

인천항 내항에 설치된 조류징보전광판(2005년)도 전국 최초로 설치된 항로표지시설이다. 등대 전문가인 주강현 제주대학교 석좌교수는 오랜 역사를 품은 인천의 이들 항로표지시설을 오래도록 지켜갈 의무가 있다고 강조한다.

인천 앞바다에는 돌을 다듬어 귀족풍으로 갈고 닦은 등대가 줄줄이 숨어 있으니 보물섬의 전설을 가슴에 묻어두고 길이길이 이어갈 일이다. (중략) 100주년의 회년을 넘어섰으니, 이제 200주년 회년까지 이어갈 의무가 우리에게 주어진 것이다.

— 주강현 『등대문화사』

인천항 운영기관 **인천항만공사**

멈춰버린 엔진 다시 움직이게 한 '인천항 캡틴'

인천항을 관리하는 기관은 어디일까? 인천항이 개항한 1883년부터 일제강점기까지 항만시설을 구축하는 업무는 관세 사무행정을 맡았던 인천해관(세관의 중국식 이름, 1907년 세관으로 개정)이 담당했다. 해방 이후에는 미 군정청 교통국 인천부가 업무를 맡았다. 정부가 수립된 1948년 교통부 인천해사국이 인천항 업무를 수행한 이후에는 기관의 명칭만 바뀌었을 뿐, 인천항의 개발과 관리·운영 업무는 모두 정부에 의해 이뤄졌다.

인천항 관리권은 2005년 7월 공기업에 이관됐다. 1997년 부두운영사 제도 도입으로 민간 하역사들이 정부로부터 부두 시설을 임차해 운영한 적은 있지만, 인천항 전체 운영 권한이 민간 전문가들로 구성된 공기업에 넘어간 건 개항 이후 처음이다. '인천항만공사'가 그 주인공이다.

항만공사는 정부나 지방자치단체 등 관(官)이 주도하던 항만 개발과 운영을 담당한다. 정부는 급변하는 국제물류환경과 갈수록 치열해지는 동북아시아 국가들의 중심 항만Hub-Port 경쟁에서 뒤지지 않기 위해 1999년 3월 국무회의를 통해 항만공사 제도를 도입하기로 하고, 재정자립도가 높았던 인천항과 부산항을 대상으로 삼았다. 특히, 인천항은 기존의 정부 관리 체제로는 무서운 기세로 성장하는 북중국 항만들과의 경쟁이 버거울 수밖에 없다는 주장이 있었다.

하지만 정부 내에서도 항만공사 설립을 놓고 의견이 엇갈렸다. 해양수산부는 항만공사의 안정적인 운영을 위해선 4천억원의 정부 예산 지원이 필요하다고 추산하고, 정부가 일정 부분 예산을 보조해야 한다는 의견을 내놨다. 반면, 기획예산처(현 기획재정부)는 항만공사에 예산 지원은 어렵다는 입장을 고수했다. 산업자원부(현 산업통상자원부)도 물류비 상승 등을 이유로 부정적인 견해를 갖고 있었다.

인천시민들은 인천항 발전을 위해선 항만공사 제도를 조기에 도입해야 한다고 주장했다. 시민들은 부산항과 여수·광양항을 중심으

◀ 인천항만공사가 입주해 있는 정석빌딩과 현판. /인천항만공사 제공
▼ 2005년 7월 인천항만공사 청사에서 진행된 현판식 모습.

로 하는 '투 포트 정책' 등 정치적 논리에 밀리면서 20여 년 동안 답보 상태에 빠져 수도권 지역 물동량의 15%밖에 처리하지 못하는 인천항의 현실을 지적했다.

시민들은 항만공사 조기 설립을 위한 100만 인 서명운동 등 범시민적인 운동을 펼치며 항만공사 설립을 요구했다. 인천경제정의실천연합은 2001년 7월 논평을 통해 "국가 발전을 위해선 낙후된 인천항의 개발이 시급하다. 그러기 위해선 인천항이 자율권을 갖고 발전할 수 있도록 항만공사 제도를 하루빨리 도입해야 한다"고 주장했다.

우여곡절 끝에 2003년 4월 항만공사법이 국회를 통과하면서 인천항만공사 설립이 확정됐다. 인천시와 정부 관계자들로 구성된 '인천항만공사설립위원회'는 2005년 7월 인천항만공사 출범에 합의했다. 인천시 공무원 출신으로 '인천항만공사 설립추진기획단'에서 근무했던 인천항만공사 신용주 홍보팀장은 "인천항만공사 설립에 필요한 기초 자료를 수집하느라 설립추진기획단 10명은 휴일도 없이 일했다. 그래도 당시에는 새로운 조직이 만들어진다는 설렘으로 힘든 줄 몰랐다"고 말했다.

인천항만공사 설립은 물동량 증가와 인프라 확충 등 인천항 발전의 계기가 됐다.

인천항 물동량은 빠르게 늘어났다. 1974년 인천 내항 4부두에 국

🔺 인천 송도국제도시에 위치한 인천 신항 전경. 인천항은 신항 개장 이후 연간 컨테이너 물동량 300만 TEU를 돌파했다. /인천항만공사 제공

내 최초의 컨테이너 전용 부두가 만들어진 이후 연간 컨테이너 물동량 100만 TEU를 달성하는 데 30년이 넘는 시간이 걸렸다. 그런데 2013년 200만 TEU를 돌파하며 물동량 증가 속도가 빨라졌고, 2017년에는 부산항에 이어 국내 두 번째로 300만 TEU를 넘어섰다. 2005년 인천항만공사 출범 당시 114만 9천 TEU였던 물동량이 2017년 304만 TEU로 2.6배 증가한 것이다. 출범 당시 29개였던 정기 컨테이너 항로도 2018년 49개까지 늘었다. 여수·광양항에 이어 국내 3위

였던 연간 컨테이너 물동량 규모는 2015년을 기점으로 여수·광양항을 완전히 따돌렸다.

해수부에서 근무하다 인천항만공사로 자리를 옮긴 김영국 여객터미널사업팀장은 "해수부에서 인천항을 관리하던 당시에는 안정적인 운영에 방점을 뒀다. 인천항만공사는 공기업이라도 수익을 발생시켜야 하는 기업이기 때문에 물동량 창출을 위해 적극적으로 마케팅을 벌였다"며 "전 세계 컨테이너 물동량이 늘어난 부분도 있지만, 증가 속도를 고려하면 마케팅 효과가 크다고 생각한다"고 했다.

물동량이 늘면서 인천항의 인프라를 갖추는 공사 속도도 빨라졌다. 2012년 벌크 물동량을 처리하는 북항이 문을 열었고, 2016년에는 송도국제도시에 신항이 개장했다. 항만 활성화에 필수적인 시설이 들어서는 배후단지 면적도 2005년 47만 8천 ㎡에서 2018년 152만 6천 ㎡로 3배 넘게 확장됐다. 조주선 인천항만공사 항만시설팀장은 "해수부에 속해 있을 때보다 예산을 탄력적으로 운영할 수 있어 인프라 구축에 적극적으로 나설 수 있었다. 시설 투자를 바탕으로 새로운 수익을 창출하는 선순환 구조가 이뤄지고 있다"고 했다.

2005년 7월 인천항만공사 창립 기념식에 참석한 이해찬 당시 국무총리는 "인천은 항공과 해운이 결합한 강점이 있는 곳이다. 이제 역사적인 인천항만공사의 출범으로 인천항이 동북아의 물류 중심 항만으로 발전할 것을 기대한다"고 했다.

인천항만공사와 함께 인천항은 성장하고 있다. 2019년 4월에는 송도 9공구에 국내 최대 규모의 크루즈 전용 터미널이 문을 열 예정이며, 2020년에는 신국제여객터미널도 개장한다. 2025년 연간 컨테이

▲ 인천항 신국제여객터미널 조감도.

너 처리 목표는 500만 TEU다.

김영국 여객터미널사업팀장은 "인천항만공사가 설립된 이후 신규 물동량을 창출하면서 인천 지역 경제에 큰 도움을 줬다고 생각한다"며 "인천시민들과 함께 인천항이 계속 발전할 수 있도록 노력하겠다"고 말했다.

물 들어올 때 노젓는 물류허브, 2025년 관광메카로

2025년 인천 송도국제도시 9공구에 있는 인천항 크루즈 전용 터미널은 세계 최대 크기의 크루즈 '심포니 오브 더 시즈호'(22만 5천 t 급)에서 내린 9천여 명의 승객으로 북적거린다. 크루즈에서 하선한 승객들 가운데 일부는 인근에 조성된 상업·업무·레저 복합단지 '골든하버' 리조트로 향했다. 크루즈 전용 터미널 인근에 있는 인천항 신국제여객터미널도 한중카페리에서 내린 중국인 관광객들로 가득했다. 신규 개장한 인천 신항 컨테이너 부두 1-2단계 구역에는 컨테이너가 쌓여 있다. 남항에 있는 자동차 물류클러스터에서는 쉴 새 없이 차량이 수출되고 있다.

이는 인천항만공사가 목표하는 2025년의 인천항 모습이다.

인천항은 2017년 사상 처음으로 연간 컨테이너 물동량 300만 TEU를 돌파했다. 1974년 인천 내항 4부두에 우리나라 최초의 컨테이너 부두가 문을 연 지 43년 만에 이룬 성과다. 300만 TEU를 달성한 인천항은 '해양관광의 메카'로 도약할 준비에 나서고 있다.

인천항 크루즈 전용 터미널은 현재 세계에서 가장 큰 22만5천t급 크루즈를 수용할 수 있는 규모를 자랑한다. 5천~6천 명의 관광객이 탈 수 있는 초대형 크루즈가 인천항에 기항하는 것이다. 국내 크루즈 전용부두는 부산 북항(22만 t 급), 서귀포 강정항(15만 t 급), 제주항(15만 t 급), 속초항(10만 t 급) 등에 있는데 인천항이 가장 크다.

2018년 12월 18일 열린 인천항 크루즈 전용 터미널 준공식에서 남봉현 인천항만공사 사장은 "크루즈터미널은 인천이 동북아 해양관광 거점으로 도약하는 초석이 될 것"이라고 말했다.

크루즈 전용 터미널 인근에 자리 잡은 신국제여객터미널은 2019년 12월 개장한다. 인천항과 중국을 정기적으로 오가는 10개 항로 한중카페리의 새 둥지가 될 신국제여객터미널은 지상 5층, 전체 넓이 6만 7천㎡ 규모로 축구장 9개 넓이보다 크다. 현재 인천항 제1국제여객터미널(2만 5천587㎡)과 제2국제여객터미널(1만 1천256㎡)을 합친

🔺 인천항 크루즈 전용 터미널의 모습. 국내 최대 규모의 인천항 크루즈터미널은 현재 세계에서 가장 큰 22만 5천 t 급 크루즈가 정박할 수 있는 430m 길이의 부두를 갖췄다.

면적의 1.8배에 이른다.

　인천과 중국을 오가는 카페리 여객 수는 2016년 92만 391명에 달했다가 '사드 갈등'이 불거진 2017년에는 60만 359명으로 34.8% 줄었다. 2018년 들어서는 11월까지 71만 9천261명의 여객 수를 기록하며 회복세를 보이고 있다. 인천항만공사 조주선 항만시설팀장은 "신국제여객터미널이 인천의 랜드마크로 자리 잡을 수 있도록 최선을 다하겠다"고 했다.

　인천항 신국제여객터미널 배후단지를 개발하는 '골든하버' 프로젝트도 추진되고 있다. 신국제여객터미널 배후단지에 호텔, 쇼핑몰, 컨벤션, 콘도, 럭셔리 리조트 등을 유치하는 사업이다. 골든하버는 삼면으로 바다 조망이 가능하다. 친수 공간이 부족한 인천시민은 물론 국내외 관광객들이 해양관광문화의 매력을 만끽할 수 있는 명소가 될 것으로 기대를 모으고 있다.

인천 신항 1-2단계 컨테이너 부두 개발사업도 본격적으로 추진될 예정이다. 한국해양수산개발원(KMI)에 따르면 2025년 인천항 컨테이너 물동량은 363만 TEU에 달하지만, 하역 능력은 286만 TEU에 불과할 것으로 예상된다. 77만 4천 TEU의 컨테이너를 처리할 수 있는 하역 시설이 부족한 셈이다. 하역 시설이 부족하면 컨테이너 화물 처리 속도가 늦어져 선박과 트레일러 등 화물 운송 장비 대기시간이 길어진다. 특히, 남북 경협이 활발히 이뤄지면 컨테이너 물동량이 최대 120만 TEU까지 추가로 늘어날 것으로 예상돼 시설 확충이 필요한 상황이다.

🔺 인천항 신국제여객터미널 공사 현장 모습.

▲ 인천 남항 자동차 물류클러스터 조감도.

해양수산부는 인천 신항 1-2단계 컨테이너 부두 개발사업을 신항만기본계획에 반영했다. 신항만기본계획은 인천 신항을 포함해 전국 10개 항만 건설 방향을 담은 중장기 계획으로, 1~2단계 사업은 2040년까지 인천 신항 선광신컨테이너터미널 옆에 4천 TEU 급 선박 접안이 가능한 선석 4개를 추가로 건설하는 것이다.

인천항만공사는 인천항 자동차 수출 물량 유치를 위해 자동차 물류클러스터 조성 계획도 세웠다. 인천항은 우리나라의 대표적인 중고차 수출항이다. 2017년 인천항을 통해 수출한 중고차는 25만 2천 대로, 전국 수출 물량 28만 6천 대의 88.1%를 차지했다. 2018년(1~9월) 인천항 중고차 수출 물동량은 20만 4천 대를 기록하며 전국 수출량(23만 1천 대)의 88.3%에 달한다. 인천시와 인천항만공사는 2025년까지 인천 남항 배후단지(중구 항동 7가 82의 7 일원 39만 6천 ㎡)에 자동차 물류클러스터를 만들 계획이다. 여기에는 중고차 판매·경매장, 검사장, 정비장, 자원재생센터, 주차장 등이 들어선다.

바다 수호 첨병 **해양경찰**

한순간 돌변하는 바다,
한결같은 안전 지킴이

우리나라 바다 넓이는 44만 3천 ㎢로, 남한 면적의 약 4.5배에 달한다. 이처럼 넓은 바다는 어족 자원의 보고이면서 다양한 경제활동이 이뤄지는 곳이다. 바다를 통한 교역과 이와 연관된 산업들은 비단 바다에서뿐 아니라 육지와 연결되면서 다양한 가치를 창출한다.

인천은 바다를 끼고 있는 해양도시다. 160여 개의 섬이 있고 수도권에 위치해 바다를 기반으로 한 관광산업이 빠르게 성장하고 있다. 긍정적인 측면과는 반대로 바다엔 위험도 도사리고 있다. 사고가 나면 수많은 생명을 한순간에 잃기도 하는 곳이 바다다. 이렇게 위험한 바다에서의 안전을 확보하기 위해 생겨난 것이 '해양경찰'이다.

2018년 9월 10일 오후 2시께 인천시 중구 왕산마리나. 이곳은 인천해양경찰서 하늘바다파출소가 운영하는 '연안구조정' 정박 장소다. 18t급 선박인 연안구조정은 다양한 역할을 한다. 인근 을왕리해수욕장과 왕산해수욕장 등에서 조난 신고 등이 들어오면 출동해 구조 업무를 수행한다. 무의도 같은 섬에서 야간 시간에 응급환자가 발생했을 때도 구조정이 출동해 환자를 이송한다. 최근 보트 등 해양레저기구를 이용하는 인구가 늘어나면서 해양경찰의 역할은 점차 커지고 있다.

이날 연안구조정을 운항한 하늘바다파출소 배병진(43) 경위는 "순찰을 돌며 혹시나 있을 비상 상태에 대비한다"면서 "이 일대 바다는 낚시나 레저기구를 사용하는 인구가 많기 때문에 사고도 많이 발생한다. 특히 조수 간만의 차 때문에 고립되거나 먼바다로 휩쓸리는 상황도 종종 발생한다"고 말했다.

▲ 인천시 중구 왕산마리나에 정박해 있는 인천해양경찰서 하늘바다파출소 연안구조정.

하늘바다파출소는 2~3명이 주간에 연안구조정에서 생활한다. 야간에는 인근에 있는 왕산해수욕장에 간이사무실을 마련해 놓고 대기한다. 신고가 들어오면 바로 출동할 수 있도록 하기 위한 준비다. 해양에서 사고가 발생하면 바다의 특성상 인명 피해로 이어질 가능성이 크다. 그만큼 해경의 출동 시간이 생명과 직결되는 경우가 많다. 이 때문에 해경은 파출소마다 신고 후 출동까지의 시간을 수치로 정한 '출동시간 목표관리제'를 시행하고 있다. 신고를 받은 시간부터 배의 시동을 걸고 닻줄을 풀어 출발하기까지의 시간을 정한 것이다. 각 출동 장소의 특성을 반영해 정해졌으며 하늘바다파출소의

◀ 인천 왕산해수욕장 일대에서 활동 중인 인천해양경찰서 하늘바다파출소 대원들.

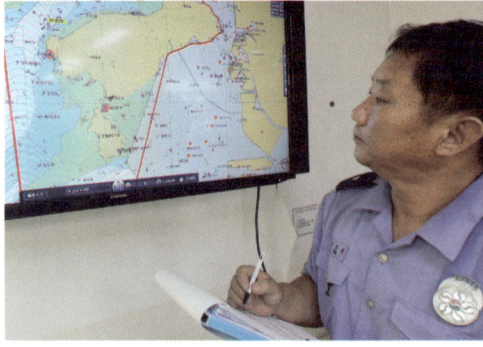

경우 주간 5분, 야간 7분 안에 출동할 수 있도록 대비하고 있다.

하늘바다파출소 김정용(52) 경위는 "바다는 매일 물때가 다르고 갑자기 안개가 끼거나 풍랑이 거세지는 등 날씨의 변화가 크다. 이러한 변화가 어민이나 낚시인 등 바다에 있는 분들에게는 큰 위험요소가 될 수 있다"고 강조했다.

인천해경이 인천 자월도 인근 해역 갯바위에 고립된 사람을 구조하는 모습.
/인천해양경찰서 제공

1953년 해양경찰청의 전신인 '해양경찰대'가 창설됐으며 내무부 치안국 소속이었다. 해양경찰대는 경비함정 6척에 정원 658명인 작은 조직으로 시작했다. 청사는 부산에 마련했다. 1960년대까지 해양경찰의 주 업무는 일본 어선이 우리 해역에 침범하는 것을 막는 것이었다고 한다. 2000년대 중국어선이 서해 우리 어장에서 불법 조업을 벌이는 것과 같이 당시에는 일본어선의 불법 조업을 막는 것이 해경의 주된 역할이었다. 1964년에는 월평균 300척의 일본어선이 우리나라 해역을 침범해 연간 22만 t의 수산물을 잡았다. 이 때문에 일본어선의 불법 조업을 성토하는 목소리가 컸다. 당시 부족했던 해양경찰의 경비함정을 마련하기 위해 자발적으로 모금 활동이 벌어지기도 했다. 해양경찰대가 부산에 설치된 것도 이 같은 이유 때문이었다.

일본의 불법 조업이 점차 감소하면서 인천의 중요성은 부각됐다. 수도권에 있고 서해 5도 등 북한과 가까운 접경지역이기 때문이다. 중국어선의 불법 조업도 날이 갈수록 기승을 부렸다. 2012년 정년

🔺 서해5도특별경비단이 우리 해역에서 불법 조업 중인 중국어선을 단속하는 모습.
/ 중부지방해양경찰청 제공

　퇴임한 인천해경 재향경우회 이병일(66) 회장은 1974년부터 40년 가까이 해양경찰에 몸담았다. 이 회장은 "해양경찰대가 부산에 설치된 것은 당시 성행했던 일본의 불법 조업을 막기 위한 측면이 컸다"며 "이후 점차 해경이 확대되고 인천 바다의 중요성이 커지면서 1979년 해경본부가 인천에 들어섰다"고 설명했다.

　해양경찰대는 1979년 인천 중구에 터를 잡았다. 이후 40년 가까이 인천에서 본부를 운영하면서 발전을 거듭했다. 해양경찰대는 1996년 독립 외청인 '해양경찰청'으로 그 위상이 강화됐고 장비와 인원도 보강됐다. 6척이었던 함정은 323척으로 50배 이상 늘어났으며, 인원도 1만 1천여 명으로 확충됐다.

　외형적으로 성장을 거듭했지만 20~30년 전만 해도 열악한 환경에

▲ 1996년 해양경찰청이 독립 외청으로 승격하면서 진행된 현판식 모습. /중부지방해양경찰청 제공

서 근무했다고 한다. 특히 소형 경비함정에서 근무할 경우 한 번 근무에 길게는 1주일 이상을 바다에 있어야 하는데, 화장실이 없는 경비함정이 많았다는 게 당시 근무했던 직원들의 설명이다. 조병문(61) 인천해경 경우회 회원은 "1980년대만 해도 선박 내에 화장실이 없어서 갑판 위 깃대를 잡고 용변을 봐야만 할 정도로 시설이 열악했다"며 "쥐가 신발과 양말을 갉아 먹는 일도 비일비재했다"고 말했다.

박성국(62) 전 인천해양경찰서장은 "기상 상황이 좋지 않으면 이틀로 예정했던 함정 생활이 1주일까지 길어지기도 한다"며 "간혹 식량이 떨어져서 섬 주민들에게 식량을 얻은 적도 있었다"고 말했다.

외형적 성장에 치우친 나머지 해경에 필수인 수상구조 훈련이 미흡하다는 지적도 있었다. 2014년 4월 발생한 세월호 참사는 306명의 목숨을 앗아갔다. 이 사고 때 해경 책임론이 대두되면서 해양경찰청은 해체돼 외청 독립 이후 18년 만에 독립기관의 기능을 상실했다.

2017년에야 해양경찰청은 다시 독립기관으로 환원됐다.*

  이병일 인천해경 재향경우회장은 "우리나라는 바다가 없으면 살 수 없는 구조를 가지고 있다. 바다에서 해경의 중요성은 앞으로 더 커질 수밖에 없다"며 "바다를 지키고 바다로부터 국민을 지키는 해경으로서 그동안 부족했던 부분도 있었다. 앞으로 더욱 보완해야 하는 과제라고 생각한다. 그것이 해경뿐 아니라 나라가 발전하는 길"이라고 강조했다.

---

* 해양경찰청은 2018년 11월 인천 송도국제도시로 복귀했다. 세종시로 이전한 지 2년 3개월 만이다.

인천의 **해원양성 교육기관**

인천서 첫 출항한 해원양성소, 해양도시 자존심 잇는 해사고

"선장이 돼 맘껏 세계를 누비며 한국의 위상을 높이고 싶어요."

2018년 3월 23일 오전 10시께 인천 중구 북성동 국립인천해사고등학교. 실제 화물선 기관실처럼 꾸며진 선박 조종 시뮬레이션 교실에서 해사고 3학년 학생 4명이 배를 운항하는 실습을 하고 있었다. 갑자기 눈·비가 내리거나 다른 선박이 가까이 다가오고, 파도가 크게 몰아치는 등 다양한 가상 상황이 모니터에 연출됐다. 학생들은 선장, 항해사, 조타수가 된 것처럼 바다를 항해했다.

"충돌 위험, 스타보드Starboard 10도(오른쪽으로 10도 타격)."

'Hanjin Korea'라는 가상 화물선이 배에 급격히 다가오자 선장이 급하게 목소리를 높였다. 조타수는 키(배의 방향을 조종하는 장치)를 오른쪽으로 급하게 틀었다. 항해사 역시 선박이 제 각도로 피했는지 끝까지 확인했다. 선박 충돌 사고는 가까스로 막을 수 있었다. 이날 선장을 맡은 이대영(3학년) 군은 "실제 선박을 운항하는 것처럼 임하면 나중에 배를 안정적으로 잘 조종하는 선장이 될 수 있을 것"이라

🔺 인천해사고등학교 전경(위)과 선박조종시뮬레이션실에서 가상 화물선을 인천항으로 운항하는 학생들(아래).

고 말했다.

학생들은 졸업 후 해기사 4급을 취득해 화물선, 무역선 등 선박 인력에 즉각 투입된다. 일부 학생은 이미 해운회사 장학생으로 뽑혀 마지막 학기 실습을 마치면 바로 취업해 배를 몰기도 한다. 흥아해운

장학생으로 뽑힌 김민성(3학년) 군은 "전 세계를 누비며 세계 여행을 많이 하는 선장이 되는 게 꿈"이라며 웃어 보였다.

망망대해를 항해하는 데 필요한 자질 중 하나는 협동심이다. 인천해사고 교훈도 '협동'이다. 이 때문인지 인천해사고의 전신인 인천선원학교 출신은 선장, 기관사, 선원, 회사원 등 각자 다른 위치에서도 지금까지 동문회를 이끌어오는 등 남다른 우애를 자랑한다.

인천선원학교는 턱없이 부족했던 선원 수급을 위해 정부가 1979년 설립해 준비 기간을 거친 뒤 1981년 1년제로 개교했다. 1983년 8월 3년제로 학칙이 개정됐다. 1993년 인천해사고로 개편됐고, 2012년 마이스터고로 지정됐다. 100여 명이던 학생 정원은 현재 360여 명까지 늘었다.

선원은 선내에서 생활하면서 해상에 도사리는 각종 위험 속에 인명과 재화를 관리해야 해 군대처럼 엄격한 조직체계를 갖춘 게 특징이다. 인천선원학교 역시 군 조직과 비슷했다. 주말에 자유롭게 학교 밖을 나가기도 어려웠던 데다 취침 점호를 제대로 하지 못하면 그날 밤을 꼴딱 새울 정도로 군기가 셌다는 게 졸업생들 이야기다. 인천선원학교를 2기로 졸업하고 10여 년 선원 생활을 한 임용선(53) 씨는 "분위기가 거의 군대와 같았다. 주말에도 자유로운 출입이 통제됐다"고 말했다. 또 "학교 특성상 강한 체력과 인내심을 기르는 훈련이나 강도가 센 해난 훈련을 해 심신이 여린 학생들은 중도 포기하는 경우도 있었다"고 기억했다.

학생들은 학교 일에 동원되기도 했다. 현재 학생들이 쓰고 있는 운동장과 조경수는 선원학교 1~3기 학생들이 조성한 것이다.

선원 수급 부족으로 학생들은 바로 취업 시장에 투입됐다. 이 때문에 가정 형편이 어렵거나 부득이한 사정으로 정규 고등학교에 가지 못했던 학생들이 주로 입학했다고 한다.

인천선원학교 이전 인천에는 일제가 설립한 '해원양성소(조선총독부 체신국 해원양성소 인천지사)'가 있었다. 1845년 영국이 항해사와 기관사의 자격 조건으로 승선 경력 이외에 국가시험을 거쳐 해기사면장海技士免狀을 발급하기 시작하자, 다른 나라에서도 차례로 해기사 제도를 시행했고 우리나라도 1913년 해기사 면허제도를 도입했다. 근대적인 선원 양성기관이 설립된 것은 인천의 해원양성소가 최초였다. 이는 현재 부산에 있는 한국해양대학교의 전신이다.

1919년 7월 해원양성소를 세운 일제는 선원이 부족하자 신입생에게 징집 유예 등 혜택을 주며 선원을 뽑았다. 1차 세계대전 이후에는 해운 업계 일손이 부족하자 월급을 많이 주기도 했다. 그러나 까다로운 시험·체격 기준과 일제에 대한 반발 등의 이유로 정작 선원 시험에 응시하는 사람은 많지 않았다고 한다. 해원양성소는 인천항을 모항으로 한 '광제호光濟號'를 실습선으로 썼다. 고종 황제는 1903년 열강의 침략에 맞서기 위해 우리나라 최초 군함인 양무호揚武號를 일본에서 도입했는데 유지비가 많이 들고 효율성이 떨어져 군함으로 쓰지 못했다. 이에 골머리를 앓던 대한제국 정부가 새로운 군함 발주를 계획해 일본으로부터 1904년 도입한 것이 광제호였다. 광제호는 무선 전신시설을 처음 장치한 군함이었다. 그러나 1905년 을사조약 체결로 통감부 정치가 시작되면서 광제호는 군함의 역할을 다하지 못한 채 해원양성소 실습선으로 쓰였다.

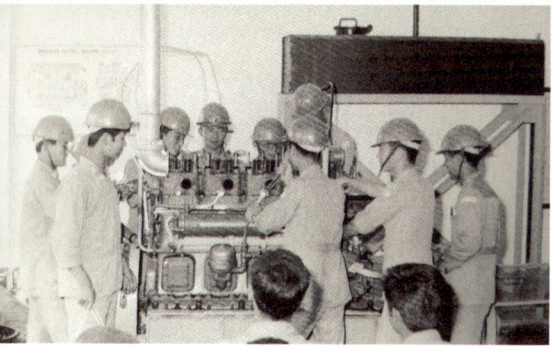

🔺 국립인천선원학교 학생들이 해변에서 훈련을 받고 있는 모습.
🔺 국립인천선원학교 학생들이 실제 선박 기관으로 실습 교육을 받는 모습.
/국립인천해사고 제공

당시 해원양성소를 나온 우리나라 사람들은 어렵고 비참한 상황에서 근무했다. 1926년 12월 22일자 《동아일보》 '취직난 중에도 해원은 유부족'이라는 기사를 보면 '취직난은 누구나 동감하지만 해원계는 반대로 구인난을 겪고 있다. 조선 유일 해원양성소가 인천이며 당시 졸업생은 거의 조선 청년으로 근실하고도 박봉을 감내하고 있다'고 보도했다.

해원양성소는 1927년 부산 진해로 옮겨져 진해고등해원양성소로 개편됐으며, 1946년 진해해양대학이 됐다. 같은 해 인천에도 인천해양대학이 설립됐다. 이후 진해해양대학이 1947년 1월 인천으로 이전하면서 인천해양대학과 병합해 '국립해양대학'이 됐지만, 고작 4개월 만인 5월 다시 군산으로 옮겨졌다. 이후 '해양도시' 인천에는 인천선원학교가 설립되기 전까지 30년 동안이나 선원 양성 전문기관이 없었다.

해양도시이자 수도권의 관문인 인천은 최초의 철도대학이 설립된 곳이기도 하다. 그러나 1905년 5월 인천 제물포에 개교한 철도이원양성소鐵道吏員養成所마저 1907년 용산으로 이전하면서 인천은 철도 전문인 양성의 맥도 끊기게 됐다.

선원의 업무는 선박을 안전하게 운항해 여객과 화물을 보호·관리하는 것이다. 선박의 대형화·다양화와 기술 발달로 오늘날 선박 운항은 전문적인 지식과 기능을 필요로 한다. 유능한 선원을 갖추는 것이 해양도시의 기본이며 곧 해양 경쟁력인 이유다. 그러나 인천은 해양 교육 인프라가 턱없이 부족하다. 부산은 국립한국해양대, 국립부경대 등이 있으나 인천에는 인천해사고와 인천해양과학고 등 중등 교육기관이 전부다. 굵직한 해운 회사도 부산에 몰려 있다 보니 해사고 졸업생의 80%는 부산 소재 해운 회사에 취직한다.

인천이 해양도시로의 위상을 높이기 위해 해운 교육계에 관심을 둬야 하는 이유가 여기에 있다. 김명식 인천해사고 교장은 "해운 산업이 지금은 위축됐지만 지금까지 대한민국 발전을 견인한 공이 크다. 앞으로도 우리나라 발전을 이끌어갈 수 있는 중요한 산업"이라며 "해양 분야 전문가를 양성할 수 있도록 국가와 국민들의 관심과 지원이 필요하다"고 말했다.

인천과 바다

인천과 **포구**

뱃사람과 **바다 날씨**

연평도 **꽃게잡이**

강화도 **새우젓**

인천과 **포구**

펄떡이는 어촌마을 '정취' 빌딩 숲 속에서 음미하다

펄떡이는 어촌마을 '정취'… 소래포구

인천 남동구 논현동 포구로. 소래포구와 어시장, 소래어촌계 등이 이 일대에 있다. 작은 어선이 있고, 배들이 정박하는 물양장 앞에는 갓 잡아온 수산물이 판매된다. 강원도나 충청도 어촌에 있을 법한 모습이 펼쳐지는 곳이다. 포구와 접한 곳에 있는 어시장은 사람들로 넘쳐난다. 소래포구와 어시장을 찾는 사람이 한 해에 수백만 명이다. 새우젓과 꽃게를 사러, 회를 먹으러. 사람들의 발길은 끊이지 않는다. 어시장은 상인과 손님의 흥정하는 목소리, 어시장이기 때문에 들을 수 있는 젖은 바닥에서 나는 발소리, 인천 어느 바다에서 잡혀 왔을 물고기들이 살아 푸덕거리는 소리가 조화를 이루며 생동감을 자아낸다. 도심에서 어시장을 거쳐 바다 쪽으로 향하다 보면 작은 바다와 어선, 각종 어구가 나타난다. 많은 이가 도시에서는 흔치 않은 어촌의 고즈넉함을 만끽하기 위해 이곳을 찾는다.

🔺 실향민의 어업 활동을 시작으로 발전을 거듭한 소래포구는 주변에 아파트숲과 지하철이 있어 '도심 속 포구'라는 타이틀을 가지고 있다.

소래포구에서 5분 정도 걸으면 고층 아파트가 줄지어 있다. 멀지 않은 곳에는 수원과 인천을 연결하는 '수인선'이 운행하고 있다. 이러한 풍경은 소래포구가 '도심 속 포구'라는 타이틀을 가진 이유이기도 하다.

이토록 활기차고 평화로운 소래포구의 시작엔 '수탈과 전쟁'이 있었다. 한국 현대사의 아픔이 켜켜이 배어 있는 곳이 바로 소래포구

다. 소래포구의 시작은 일제강점기로 전해진다. 과거 이 일대에서 생산된 소금을 수탈하기 위해 일제가 수원에서 소래를 거쳐 인천항까지 연결하는 수인선 철도를 건설했고, 건설 현장과 염전에서 일하는 일꾼을 실어 나르기 위해 나룻배를 정박한 게 소래포구의 시작이라는 것이다. 이때만 해도 어업은 거의 이뤄지지 않았다. 어업이 시작된 것은 한국전쟁 이후 갈 곳이 마땅치 않았던 실향민들이 소래에 정착하면서부터다. 실향민 전규식(93), 박지화(90) 씨 등 황해도에서 어업을 하던 이들이 이 지역에 터를 잡고 나무로 만든 작은 범선으로 고기를 잡기 시작한 것이 1960년대 초. 실향민은 지금의 소래포구를 있게 한 뿌리라는 것이 소래 어민들의 이야기다.

1996년부터 2000년까지 소래어촌계장을 맡았던 전익수(65) 씨는 '소래포구 1세대 어민'들과 자주 어울렸다고 한다. 그는 "당시 이곳은 허허벌판에 작은 집 몇 채밖에 없는 작은 바닷가였다"고 말했다.

실향민 등으로 구성된 어민들은 1963년 소래어촌계를 설립했다. 당시 등록된 어선은 28척으로 인근 마을까지 소래어촌계에 포함됐다고 한다. 그때는 어민들이 잡아온 고기를 팔 수 있는 시장이 형성돼 있지 않았다. 일부는 포구 앞에서 판매했지만, 대부분은 수인선이나 경인전철을 이용해 서울과 인천항 등지로 가져가 팔았다.

소래어촌계원 조인권(62) 씨는 "60년대 초반 처음 이곳에 왔는데, 말 그대로 황무지였다"며 "움막 같은 몇 채의 집과 갯벌, 작은 목선이 있었을 뿐"이었다고 회상했다.

점차 마을이 커졌지만 1970년대까지 전기가 제대로 들어오지 않았다. 어민들은 꼬불꼬불한 물길 때문에 항해에 어려움을 겪었는데, 제대로 된 항로표지시설도 없었다. 이 때문에 어민들이 직접 전봇대를 세우고, 뱃길을 표시하기 위해 대나무를 갯벌에 박아 넣기도 했

▶ 소래포구 어민들이 물길을 표시하기 위해 대나무를 갯벌에 박고, 전신주를 세우고 있다.
/전익수 씨 제공

▼ 1983년 소래포구 모습. 1980년대 초 소래포구에는 제대로 된 선착장이 없어 배를 갯벌 위에 세워 놓는 경우가 많았다. /소래역사관 제공

다. 전익수 씨는 "당시 한국전력에서 전기선은 연결할 수 있지만 전봇대를 세우지는 못한다고 했다. 그래서 어민들과 주민들이 함께 전봇대를 세웠다"고 말했다.

소래포구는 1970년대 이후 어민이 점점 늘었다. 어민들이 직접 잡은 수산물을 싸게 살 수 있다는 소문이 퍼지면서 전국적으로 이름이 알려지기 시작했다. 지금도 어업 활동을 하는 김남석(66) 씨는 1978년 소래포구에서 어업을 시작했다. 그는 "처음 왔을 때만 해도 제대로 된 선착장이 없어 배의 동력으로 갯벌 위에 배를 올려 놓고, 장화를 신고 걸어서 뭍으로 와야 했다"며 "70년대 후반부터 방송과 신문에 소래가 소개되면서 찾는 이들이 급격히 많아졌다"고 했다. 《경향신문》은 1981년 6월 8일 "서해 경기해안의 미항인 소래항. 이 곳은 올해 들어 관광객이 부쩍 늘어 비좁은 포구는 원색의 인파로 흥청거린다"며 "소래항은 싱싱한 해물이 많이 나 각종 공해에 찌든 도시민들이 마음 놓고 하루를 즐길 수 있는 수도권어항으로 새로운 각광을 받고 있다"고 보도했다.

소래포구의 주 어종은 '새우젓'이다. 아직도 소래 새우젓은 전국적으로 명성이 높다. 지금은 냉장시설이 잘 돼 있지만 1970~1980년대 소래 새우젓의 주 보관 창고는 부평동굴이었다. 지금은 전국적인 관광지가 된 '광명동굴'도 소래포구 새우젓의 보관 장소였다. 김남석 씨는 "당시 냉장시설이 미비했기 때문에 새우젓 대부분을 부평과 광명에 있는 동굴에 보관했다. 지금도 부평동굴을 냉장 창고로 활용하고 있다"며 "1980년대엔 250kg짜리 새우젓 수천 통을 동굴에 저장했다"고 말했다.

소래포구 새우젓은 문학작품에도 종종 등장한다. 시인 정세훈(인천민예총 이사장)은 「소래포구」라는 제목의 시에서 '휘몰아치던 서해 바닷 바람은/ 어머니 품안에 찾아들 듯 고요히 안겨 오고/ 새우젓배들 너울너울 바람 타고와/ 끝없는 그리움처럼 줄 이어 새벽을 열었겠지'라고 했다.

2018년 소래어촌계에 등록된 어선은 256척이다. 2008년에 347척까지 늘어났다가 줄어들고 있다. 소래포구 어민 절반 이하는 다른 지역에서 어업을 하다가 소래로 옮겨온 이들이다. 시흥, 안산, 인천 만석·화수부두 등지에서 소래로 왔다. 소래 어민이 늘어난 것은 개발사업 영향이 컸다. 시화방조제가 건설되면서 시흥의 어민들이 소래로 삶의 터전을 옮겼고, 1974년 인천항 갑문이 준공되면서 만석·화수부두의 소형 어선들이 소래로 왔다. 전라도와 충청도 등지에서 온 이들도 있다.

소래 어시장은 지속적으로 확장됐

▲ 소래포구 어시장 모습.

지만 소래 어민은 줄어드는 추세다. 고기를 잡을 수 있는 바다가 줄어들고 있기 때문이다. 시화방조제 건설, 공유수면 매립을 통한 송도 국제도시 및 인천 신항 건설 등이 소래 어민들의 조업에 영향을 미쳤다.

고철남(54) 소래어촌계장은 "지속적인 매립사업으로 조업할 수 있는 바다가 축소됐다. 단순히 면적이 줄어든 것뿐 아니라 어획량도 많이 감소했다"며 "여러 요인이 있겠지만 갯벌 매립과 바닷모래 채취로 인한 생태계 변화가 클 것으로 생각한다"고 말했다.

소래포구는 2017년 국가어항으로 지정되면서 발전의 계기를 마련했다. 고철남 계장은 "국가어항으로 지정된 만큼 소래의 낙후한 시설을 현대화하고, 어민들의 어업 활동이 보장될 수 있는 방향으로 사업이 진행되길 바란다"고 말했다.

썰물처럼 빠져나간 화려했던 시절…
물밑에서 모습 드러내는 뱃사람 자부심

인천 중구 북성포구의 파시가 성황을 이루고 있다. 파시波市는 바다나 부두에 있는 배 위에서 펼쳐지는 생선 시장을 말한다. 전국에서 파시가 열리는 곳은 북성포구가 유일하다. 전라도 등지에서 북성포구의 파시를 벤치마킹하기 위해 꾸준히 찾고 있기도 하다.

2018년 4월 27일 낮 12시 북성포구. 파시가 열린다는 소식을 듣고 서울 등지에서 온 이들은 개인용 손수레를 끌거나 손에 양동이, 배낭, 스티로폼 상자 등을 들고 있었다. 젓새우 등 수산물을 담기 위한

▶ 북성포구에 접안한 선박 위에서 선원들이 젓새우 등을 판매하고 있는 모습. 갓 잡아온 수산물을 선상에서 판매하는 곳은 전국에서 북성포구가 유일하다.

통을 준비해온 것이다. 많은 이가 젓갈을 만들기 위해 이곳에서 젓새우를 산다고 했다. 이들은 배가 들어오자 한 줄로 서서 조심스럽게 배에 올라섰다. 선원들은 갓 잡아온 새우와 각종 생선을 배 위에 진열해 놓고 손님을 기다리고 있었다. 이날 가장 많이 잡힌 것은 젓새우. 젓새우 한 말의 가격은 1만 5천 원, 두 말을 사면 2만 5천 원이다. 배 한 척이 포구에 접안할 때마다 20여 명의 손님이 배에 올라섰고, 선원들의 손도 바빠졌다. 선원은 쉴 새 없이 새우젓을 통에 수북이 담아 손님에게 건넸다.

인천 계양구에 사는 권근아(45) 씨는 친척과 함께 북성포구에 처음 왔다고 했다. 권 씨는 "이곳의 새우가 싱싱하고 저렴하다는 이야기를 듣고 왔다. 배에서 직접 판매하니까 믿을 수 있고 다른 데에 비해 30% 이상 저렴한 것 같다"고 말했다.

서울 구로구에서 온 김춘자(72) 씨는 젓새우 다섯 말을 샀다. 손수레와 배낭에 젓새우를 꽉꽉 담았다. 인천역에서 전철을 타고 집에 돌아갈 것이라고 했다. 그는 "새우젓을 담가서 자식들에게 주려고 한다. 김장 때 쓸 것"이라며 "10여 년 전부터 1년에 1~2차례는 이곳에 와서 새우를 산다. 다른 곳은 믿을 수가 없다"고 말했다.

이날 각 배에서 잡아온 새우는 150kg 안팎. 어민들은 시간이 지나면 어획량이 더 많아질 것으로 기대했다. 선원 박윤수(65) 씨는 "오늘은 새우가 대부분이고 간자미와 같은 생선은 양이 많지 않았다. 5월에는 어획량이 더 늘어날 것으로 기대하고 있다"고 말했다.

북성포구 파시는 역사가 길다. 1960년대부터 지금까지 이어지고 있다는 게 어민들의 이야기다. 물때에 맞춰서 열리기 때문에 1주일에 2~3일 정도 파시가 열린다. 토요일에는 200명 이상이 찾는다고 한다.

북성포구는 '똥마장'이라는 이름으로 불리기도 한다. 1960년대 실향민들이 이곳에 나무로 집을 짓고 살았고, 공동화장실에서 나온 대변이 밀물을 만나 떠다닌 모습 때문이라고 한다.

정남훈(69) 북성포구 어민회장은 "예전에는 고기도 많았고, 전량을 선상에서 판매했다"며 "어민들이 나이가 들면서 많이 떠났고, 어획량까지 줄면서 점차 축소되고 있는 상황"이라고 말했다. 이어 "이곳을 찾는 분들은 20년 이상 단골이 많다. 경기도 포천이나 서울에 사는 분들도 있다"고 말했다.

소설가 양진채는 단편소설 「패루 위 고래」에서 '포구로 들어온 배는 일곱 척이었다. 난데없이 나타난 포구이기는 했지만 골씨(얕은 바다)를 따라 배가 들어오는 광경. 싱싱한 생물을 배에서 바로 흥정해서 사는 모습 등을 구경하는 동안 못마땅한 모습이 사라졌다. (중략) 문득 똥바다요? 하던 아저씨가 떠올랐다. 그러니까, 이 동네의 바다가 똥바다로 불렸다는 걸 아는 사람 정도는 돼야 이 포구를 찾을 수 있을 것 같았다'고 했다.

북성포구 인근에 있는 화수부두와 만석부두도 예전엔 인천의 대표적인 항구였다.

만석부두에는 영종도와 작약도행 여객선이 다녔다. 《동아일보》는 1976년 1월 1일자 신문에서 "인천항 만석부두에서 영종도로 가는 여객선 선실은 세모歲暮를 맞아 섬 아낙네들이 사서 가지고 가는 짐으로 가득하다"며 "희뿌연 창으로 비치는 인천 앞바다에는 이따

▲ 북성포구가 포함된 열십(十)자 모양의 십자수로 모습. 十자 안쪽 중에 위쪽 부분에 북성포구가 위치해 있으며, 십자 모양 넘어 위편에 화수부두가 있다. 인천지방해양수산청은 이 바다 일부를 매립한다는 계획을 가지고 있다.

금 닻을 내린 육중한 화물선이 보일 뿐 겨울 바다는 쓸쓸하다. 느릿한 여객선. 십리 길에 25분이나 걸린다"고 보도했다. 하지만 만석부두의 선착장 시설은 낙후돼 1976년 폐쇄되고, 그 기능이 연안부두로 통합됐다.

만석부두의 흔적은 인천 동구 만석동 일대에 자리한 주꾸미 음식점에서 찾아볼 수 있다. 이곳에 주꾸미 집이 많은 이유는 1970~80년대 만석부두의 어선들이 주꾸미를 많이 잡았기 때문이다. 이 일대에서 '주꾸미 축제'가 열리기도 했으나, 어획량이 줄어들면서 축제도

🔺 만석부두(좌)와 화수부두(우) 모습.

사라졌다.

화수부두는 인천의 대표적인 어시장이 있었던 곳이다. 《매일경제》는 1974년 11월 5일자 기사에서 "김장철을 앞두고 인천시의 새우젓 가격이 오름세를 보이고 있다. 5일 인천 화수부두 젓갈시장에는 지난해 드럼당 1만 7천 원 정도 하던 새우젓이 2만 1천 원에서 2만 3천 원 사이에 거래되고 있다. 새우젓 가격이 크게 오른 이유는 올해 새우가 잘 안 잡히고 있기 때문"이라고 했다.

1982년부터 인천 동구 화수동에서 횟집을 운영하는 이관국(67) 씨는 "이 동네가 80년대 초까지만 하더라도 되게 잘나갔다"고 했다. 그는 "당시 안강망을 하는 고깃배가 많았는데 보름에 한 번씩 이들이 부두에 돌아오면 음식점에 자리가 없을 정도였다. 그런데 연안부두가 생기고, 이곳에서 잡히는 고기가 감소하면서 어민이 급격히 줄었다"고 말했다.

북성포구와 만석·화수부두 어민들이 소속돼 있는 연안어촌계 강평규(68) 계장은 "북성포구와 만석부두, 화수부두의 시작은 전쟁 때

피난온 실향민들이라고 할 수 있다. 이 일대 갯벌에서 바지락 등을 캐는 분들을 중심으로 1966년 어촌계가 생겨났다. 한때 이 일대 배들은 유선과 어선 모두 100척에 달했지만, 지금은 30여 척에 불과하다"고 말했다. 바다가 매립되고, 어획량이 줄어들면서 어민 수가 줄어들었다. 그래도 포구와 부두가 있는 것은 어민들이 지금까지 자리를 지켰기 때문이다.

뱃사람과 **바다 날씨**

물 위에 맡긴 삶,
하늘의 뜻을 구하다

"바람 강풍을 막아주고, 여해 끝이면 제쳐주고, 모래성이면 엎어 넘기고, 갈치바위를 넘겨주시고."

중요무형문화재 82-2호인 서해안풍어제 '소본향제석굿'의 한 구절이다. 서해안풍어제 김혜경 이수자는 "바람이 불지 않았으면 하는 어민들의 소망을 표현한 부분"이라며 "만선을 기원하는 풍어제에서 바다 날씨 안녕을 바라는 것 자체가 뱃사람에게 날씨가 얼마나 중요한지 알려주는 것"이라고 설명했다.

뱃사람에게 바다는 삶의 터전이자 두려움의 대상이다. 날씨가 평온할 때는 물고기를 잡게 해주는 장소지만, 비바람이 불면 한순간에 배를 삼켜 버릴 수 있는 존재다. 뱃사람들의 안전과 만선의 꿈을 이뤄주기 위해 진행하는 풍어제에서 바다 날씨가 평온하기를 기원하는 것도 이와 무관하지 않다.

바다 날씨에 따라 어업의 중심지가 바뀌기도 한다. 1920년대 중반

까지 인천 '민어파시'의 중심은 굴업도였다. 1920년 굴업도 근해에서 민어어장이 발견되면서 성어기인 7~9월 전국 각지에서 어선 500여 척이 굴업도를 찾았다. 민어파시 때는 음식점·세탁소·목욕탕 등 선원들을 위한 임시 편의시설도 만들어졌다. 그러나 굴업도 민어파시는 1930년대에 들어서 덕적도에 그 명성을 내주게 됐다. 방파제 시설 등이 없는 자연항自然港이었던 굴업도는 1923년 8월 13일 불어닥친 태풍으로 어선 63척이 완전히 파손되거나 행방불명됐고, 30명이 숨지거나 실종됐다. 당시 경기도수산회의 공식 발표인데, 실제로는 어선과 인명 피해가 더 많았을 것으로 추정되고 있다. 대규모 재난으로 인해 이듬해부터 인천 근해 어업기지는 덕적도 북리北里로 옮겨졌다. 조선총독부가 1937년부터 북리항을 개발하면서 민어파시의 중심지는 굴업도에서 덕적도로 완전히 바뀌게 됐다.

어부들은 어업 활동의 중심지까지 바꾸는 '날씨'를 나름의 방법으로 읽어냈다. 정남훈(69) 북성포구 어민회장은 "예전부터 갈매기 수십 마리가 높이 날면 3일 뒤에는 반드시 강풍이 불어온다는 말이 있었다"고 했다. 정태진(47) 백령도기상대장은 "과거에는 기상 예보가 지금처럼 체계화돼 있지 않았다. 실시간 확인도 불가능했다. 이 때문에 지역적으로 발생하는 기상 특성이 구전돼 내려오고 있는 경우가 많다"고 말했다.

인천은 우리나라에서 근대적 방식의 해상 기상 관측이 가장 먼저 이뤄진 곳이다. 1883년 개항한 인천항은 서울과 가깝다는 지리적인 이유로 세계 각국의 배들이 몰려왔다. 주로 무역선과 사람을 실어나르는 여객선이었는데, 인천 앞바다는 조수 간만의 차가 심하고 섬도 많아서 좌초되거나 선박끼리 부딪혀 침몰하는 사고가 빈발했다고 한다. 이에 당시 인천해관(현 인천본부세관) 총세무사였던 독일인 묄렌도르프는 인천해관을 창설한 1883년 9월 1일부터 정규적인 해양 기상 관측을 시작했다. 한수당연구원 한상복 원장(서울대 인류학 명예교수)은 "해관 개설 당시 인력 대부분은 중국해관에서 공부하고 온 사람이었다. 당시 중국해관은 기상청의 역할도 겸하고 있었기 때문에 이 인력들이 날씨를 관측한 것은 당연한 것으로 볼 수 있다"고 했다. 기상 관측은 오전 6시부터 오후 6시까지 3시간 단위로 5차례에 걸쳐 진행됐고, 밤에는 관측이 이뤄지지 않았다. 해관 직원은 기압(氣壓)과 기온(화씨 단위), 바람의 방향과 세기, 상층부와 하층부의 구름 형태, 강수량 등을 관찰한 것으로 기록돼 있다. 당시 조선에서는 관상감이 지금의 기상청 역할을 수행했는데, 인천해관에서는 관상감에서 내놓는 자료와 상관없이 독자적으로 기상 관측을 진행했다고 한다.

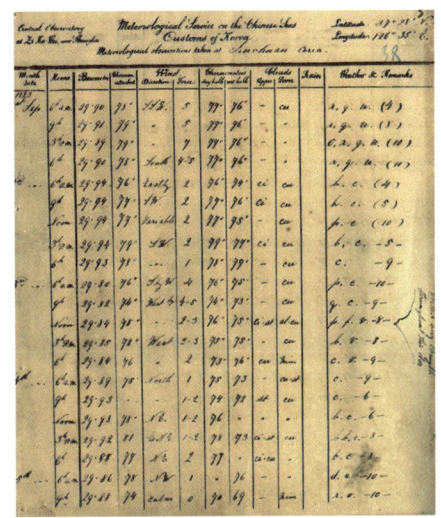

▲ 1883년 9월 1일 오전 6시부터 9월 9일 오후 6시까지의 해양기상관측자료.
/한상복 한수당연구원 원장 제공

일본은 러·일전쟁을 준비하기 위해 인천에 관측소를 설치하기 시작했다. 당시 일본은 인천 앞바다에서 전쟁이 처음 시작될 것이라고 판단했는데, 러시아 함대를 제압하기 위해서는 인천 앞바다의 날씨를 아는 것이 중요하다고 생각했다. 일본이 인천 팔미도에 우리나라 최초의 등대를 세우고, 전쟁용 관측소를 구축한 주된 이유다.

러·일전쟁에서 일본이 승리한 배경에는 미리 측량한 해상 관측 정보가 주효했다는 게 당시 일본의 분석이었다. 관측소의 중요성을 깨달은 일본은 인천의 임시 관측소를 헐고, 1905년 1월 응봉산 정상에 최신 시설을 갖춘 인천관측소를 정식으로 세운다. 이후 이곳에서 우리나라 전역은 물론 연안, 심지어 일본 해역의 해상 기상도 관측했다고 한다.

바다 날씨 관측은 수십 년 동안 '사람의 눈'이 중요한 역할을 했다. 기온이나 기압, 풍향 등은 시대의 흐름이 바뀜에 따라 기계가 관측한 자료가 대신해 나갔지만 안개 상황에서의 가시거리 측정은 시정계 등 관측 장비보다 육안 관측에 의존했다. 안개는 바람을 타고 빨리 이동하기 때문에 가까운 지점에서도 다르게 나타날 수 있는 데다, 바다 습도에 의해 측정값에 오류가 발생할 수 있다는 이유에서였다. 이를테면 인천항 해상교통관제센터(VTS)에서 인천항 외측 방파제가 보이면 가시거리가 1마일(1.6㎞) 정도 나오는 것으로 판단하는 식이다.

이런 방식은 관측 지점과 측정 시각, 측정 방법 등에 따라 결과가 다르게 나타나는 문제가 있었다. 실제로 2014년 4월 15일 오후 9시 세월호 출항 시점 기준으로 관측된 인천항 인근 시정 정보는 당시 해양수산부 소속 인천VTS 1천600m, 해운조합 운항관리실 500m 이상, 인천기상대 800m 등이었다. 해사안전법에 따르면 어선을 포함

▲ 백령도기상대에서 직원이 기상관측용 풍선을 날리고 있다.

한 여객선의 경우 시정이 1㎞ 이내일 때 해양경찰서장이 출항을 통제한다. 인천기상대나 해운조합 운항관리실 기준이었으면 세월호는 출항하지 못했다. 그러나 세월호는 인천VTS의 가시거리에 따라 2시간 뒤 시정주의보가 해제되면서 출항했고 대참사를 당했다.

현재 기상청은 모든 바다 날씨를 관측 장비를 이용해 측정하고 있다. 덕적도와 이작도, 풍도, 자월도, 장봉도에는 파고 부이를 설치해 파고와 풍향, 풍속 등을 관측한다. 논란이 됐던 가시거리 측정은

2017년부터 덕적도에 있는 해무 관측소의 영상(CCTV) 장비를 통해 예보되고 있다. 또 이를 토대로 인공지능(AI)이 해무의 발생 확률을 예측하는 시스템을 구축해 나가고 있다.

수도권기상청 백령기상대는 오전·오후 8시 15분 하루 두 차례 '레이윈존데'를 하늘에 날려 기압과 풍향, 풍속, 온도, 습도 등을 확인하고 있다. 레이윈존데는 지상부터 고도 35㎞까지 고도별 기압, 기온, 습도, 풍향, 풍속을 실시간으로 관측하는 장비다.

뱃사람들은 기상 관측이 정교해지고, 안전 기준이 강화되면서 오히려 불편해졌다고 한다. 예전보다 출항을 통제하는 날이 많아졌기 때문이다. 정남훈 어민회장은 "선원들의 인건비는 고정적으로 나가기 때문에 하루 조업을 나가지 못하면 그만큼 손해를 볼 수밖에 없다. 안전을 위해서는 당연히 출항을 통제해야겠지만, 멀쩡한 날씨에도 조업을 못 나가는 날이 많다"고 아쉬워했다.

인천지방해양수산청 등 출항 통제 기관들의 생각은 다르다. 인천해수청 관계자는 "안전에 대해서는 타협이 없다는 게 기본 방침"이라며 "어민이나 섬 주민들이 불편을 겪더라도 사고가 나지 않는 것이 더 중요하다"고 했다.

 연평도 꽃게잡이

아침햇살 그물 삼아
'만선의 꿈' 건지다

　국내 유명 포털사이트에서 '꽃게'를 검색하면 관련 검색어에 인천 옹진군 '연평도'가 나온다. 연평도를 검색하면 '연평도 꽃게'가 관련 검색어로 뜬다.
　서해안에서 주로 잡히는 꽃게는 인천의 대표적인 수산물이다. 특히 인천 앞바다 서해 5도 중 한 곳인 연평도는 꽃게 산지로 유명하다. 인천 소래포구 어시장이나 인천종합어시장에서 흔하게 볼 수 있는 모습은 꽃게가 한가득 담겨 있는 통과 그 앞에 적혀 있는 '연평도산'이라는 팻말이다.
　꽃게는 봄철과 가을철에 잡힌다. 봄철에는 알이 가득 배 있는 암꽃게가 주로 잡히며 암꽃게는 주로 게장을 담가 먹는다. 한정식에서 빠지지 않는 간장게장은 암꽃게로 만든다. 가을철에는 찜이나 탕으로 해먹는 숫꽃게가 살이 많고 맛도 좋다. 여름철은 꽃게 산란을 위해 금어기로 지정돼 있다. 가을철 꽃게잡이는 8월 말부터 11월 말까지 이뤄진다. 수온이 내려가면 꽃게가 자취를 감추기 때문에 어민들

▲ 정복호 선원들이 연평도 인근 해역에서 꽃게잡이를 하고 있는 모습. 연평도 인근 해역은 국내 대표 꽃게 산지로 이름이 나 있으며 꽃게는 연평도 어민들의 주 수입원이기도 하다.

은 어획 활동을 하지 않는다.

2018년 10월 11일 새벽 5시 40분 연평도 당섬선착장. 해가 뜨기 직전이라 어둠이 가시지 않았지만, 꽃게잡이 어선들이 켜 놓은 조명들이 선착장 주변을 환히 비추고 있었다. 전날 풍랑주의보로 출항하지 못한 어선들이 만선을 기대하며 출항 준비에 한창이었다. 9.8t 급 자망 어선인 '정복호'도 출항 준비를 마쳤다. 6시가 조금 지나자 20여 척의 어선이 일제히 바다를 향해 키를 돌렸다. 정복호는 연평도 남서쪽 해역으로 향했다.

정복호 유호봉(60) 선장은 1990년대 초부터 연평도에서 꽃게잡이를 했다. 중간에 강원도나 전라도 앞바다에서 일을 하긴 했지만, 대부분 연평도에서 꽃게잡이 어선을 탔다. 자망 어선은 선원 6명과 선장 1명이 한 조로 일한다. 너비 5m, 길이 500m의 직사각형 모양의 그물을 바다에 수직으로 펼쳐놓은 뒤 며칠 있다가 걷어 올리는 방식으로 조업한다. 그물과 연결된 굵은 밧줄을 끌어올리는 것은 선박에 설치된 장비를 이용하지만, 그물과 밧줄을 끊어내고 그 자리에 새로운 그물을 연결해 바다로 던져 넣는 작업은 선원들이 역할을 나눠 진행했다. 흔들리는 배 위에서 작업이 진행되기 때문에 선원 간 호흡이 어긋나면 밧줄이 선원들을 덮치는 위험한 상황이 올 수 있다. 이 때문인지 작업 과정에서 선장은 선원들에게 고함을 지르며 지시하기도 했다. 유호봉 선장은 "바다 위에서는 항상 긴장해야 한다. 작업 과정에서 말을 험하게 하는 이유도 안전이 최우선이라고 생각하기 때문"이라고 말했다.

정복호는 40분 이상을 내달려 도착한 바다에서 첫 그물을 끌어올렸다. 꽃게는 그물에 듬성듬성 매달려 있었다. 그물을 20~30분간 끌어올렸으나 그물 한가득 꽃게가 매달린 모습은 볼 수 없었다. 선원들은 "꽃게잡이가 예년만 못하다"고 했다. 점점 꽃게 어획량이 줄어들고 있다는 것이다. 몇 년 전까지만 해도 중국어선의 불법 조업이 꽃게잡이 어획에 악영향을 미쳤다. 그때보다 중국어선이 많이 줄었지만 꽃게 어획량은 여전히 늘어나지 않고 있다고 했다.

유호봉 선장은 2008년 4월 중국어선을 직접 잡은 경험이 있다고 했다. 우리 어선 30여 척이 연평도 앞바다까지 내려와 있는 중국어선을 직접 나포한 것이다. 어선 4척이 한 조가 돼 중국어선을 쫓았다. 직접 중국어선에 올라가 선원들을 붙잡고 해양경찰에 인계했다. 그는 "당시 중국어선이 한 번 지나간 자리는 고기 씨가 마를 정도로 심했다"고 했다. 그러면서 "우리나라에서도 자원 보호를 위한 조치를 더 강하게 취해야 한다. 이곳에서 살게 될 후손들을 위해서도 지금보다는 더 자원을 보호하는 방향으로 제도가 개선돼야 한다"고 했다.

꽃게가 인천의 대표 수산물이 된 건 오래되지 않았다. 인천에서 꽃게를 잡기 시작한 것은 불과 50여 년 전이라는 게 연평도 어민들 이야기다. 이전까지만 해도 연평도의 대표 어종은 '조기'였다. '조기 파시'라고 불릴 정도로 전국의 어선들이 봄철이면 연평도로 몰려들었다. 한때 1천여 척이 넘기도 했다. 이때에는 꽃게가 그물에 걸려 올라와도 모두 버렸다고 한다. 어민들은 조기로 큰돈을 벌어들였고, 이 때문에 술집과 기생집 등도 연평도에 넘쳐났다.

《경향신문》은 1962년 5월 14일자 기사에서 "조기잡이의 '골든타임'을 바로 눈앞에 두고 연평도를 중심으로 한 어장 일대는 어선 1천 200여 척과 어민 1만여 명이 숨가쁜 준비 태세 속에서 조기잡이 '붐'을 이루며 북적이고 있다"고 보도했다.

연평도 주민 강유선(75) 씨는 "꽃게잡이를 시작한 것은 60년대 중반 이후로 기억한다"며 "연평도에서 조기를 잡기 힘들자 어민들이 2년 정도는 흑산도 등 남해로 내려가 조기잡이를 하기도 했다. 이들이 연평도로 다시 올라와 꽃게잡이를 시작한 것이 60년대 중후반 정도"라고 말했다.

강 씨는 당시 잡았던 꽃게를 노량진 수산시장에 가져다가 팔았다.

🔺 1950년대 연평도 모습. 조기잡이를 위해 전국에서 어선들이 몰려들었다. 당시에는 꽃게가 그물에 걸려 올라와도 버렸다고 한다. /강유선 씨 제공

배를 10시간가량 타고 인천항에 도착한 뒤 경인철도를 타고 노량진으로 향했다. 노량진 수산시장으로 가는 도중에 상한 꽃게는 중간에 버렸다. 강 씨는 "조기잡이 때에는 중국과 일본 상인들이 연평도에 와서 조기를 샀다. 무역이 이뤄진 것"이라며 "하지만 꽃게잡이를 시작했을 때에는 판로가 없어 노량진으로 올라갈 수밖에 없었다. 당시에는 인천에 어시장이 활성화되지 않았을 때"라고 했다.

1960년대만 하더라도 어선의 규모는 작았다. 어획 방식은 자망 방식으로 지금과 비슷하지만, 장비가 열악해 그물을 끌어올리는 것은 모두 선원들의 몫이었다. 이 때문에 그물의 크기도 100m 정도로 짧았고, 걷어 올릴 수 있는 그물의 수도 적었다. 연평도에서 30년 넘게 배를 탄 노영철(68) 씨는 "예전에는 꽃게가 그물에 한가득 걸리는 날이 많았다"며 "처음에는 참나무로 된 닻을 만들어 조업을 하기도 했는데, 배가 작았기 때문에 가능했다"고 말했다. 차재득(78) 씨는 "점

🔺 연평도 당섬선착장 인근에서 꽃게를 분류하는 모습(좌)과 소래포구 어시장에서 꽃게를 판매하는 모습(우).

점 꽃게 먹이가 줄어들고 있는 것을 느낀다. 단적으로 예전보다 바다에 수초가 줄었다. 꽃게의 먹이가 되는 작은 물고기도 줄어들 수밖에 없다. 남획이 불러온 결과"라고 강조했다. 서해수산연구소에 따르면 인천 해역 꽃게 어획량은 1990년 처음 해당 통계를 집계한 이래 2009년 1만 4천675t을 기록했으나, 2015년 1만 t, 2017년 5천723t 등 계속 감소하는 경향을 보이고 있다.

꽃게 어획량이 줄어들고 있지만, 그래도 연평도 어민들의 주 수입원은 꽃게다. 당섬선착장 인근과 마을 곳곳에서는 주민들이 모여 꽃게 따는 작업을 하고 있었다. 그물과 꽃게를 분리하는 작업을 하는 것이다. 1척의 배에서 잡아온 꽃게를 그물에서 떼어내는 데 10명 이상이 필요하다고 한다.

강화도 **새우젓**

황금어장서 담근 명품 젓갈, 엄마표 김치 '필수 레시피'

김장에 빠질 수 없는 젓갈의 원재료가 되는 젓새우는 인천의 바다가 선물하는 중요한 수산자원 가운데 하나로 꼽힌다. 특히 인천 강화도 인근 바다는 젓새우 황금어장으로 불린다. 강화에서 생산하는 새우젓 또한 많은 사람으로부터 명품 대접을 받는다. 때문에 해마다 가을이 되면 강화의 포구는 새우잡이 어선으로 들썩이고 전국 각지에서 새우젓을 사러 온 손님들로 북새통을 이룬다.

2018년 11월 6일 강화군 외포리에 있는 외포항 젓갈 수산시장은 김장철을 맞아 새우젓 등 젓갈을 사러 온 손님과 관광객으로 북적였다. 현재 외포항 젓갈 수산시장에는 18개 젓갈 판매 매장이 성업 중이다. 새우젓을 주력으로 밴댕이, 멸치 등 어림잡아 20여 종류가 넘는 젓갈을 판매하고 있다.

시장에서 만난 조경숙(50) 씨는 서울 강남 수서에서 이곳까지 찾아왔다고 한다. 조 씨는 추젓 12kg을 샀다. 김장 100포기를 하려면 10kg 정도 필요하다고 한다. 그는 "강화 새우젓이 명품이라기에 올해는 강화 새우젓으로 김장을 담아보려고 멀리까지 찾아왔다. 김장 맛이 좋으면 앞으로 계속 강화 새우젓을 쓸 생각"이라고 했다. 그는 10여 년 동안 충남 논산 강경에서 젓갈을 구매해 김장을 했다고 한다.
　새우젓은 가을에 담근 것을 '추젓'이라고 부른다. 5월에 잡은 새우로 담근 것을 '오젓', 6월에 담근 것을 '육젓'이라고 하고, 겨울에 담근 젓을 '동백하젓'이라 부른다.

▲ 낡은 시설을 고쳐 2009년 새롭게 조성한 외포항 젓갈 수산시장 전경.
▶ 젓갈 수산시장의 상인들과 김장철을 맞아 시장에서 젓갈을 고르는 손님들.

김장철에는 가격이 저렴하고 맛도 좋은 추젓이 인기다. 오젓과 육젓은 추젓보다 가격이 비싸다. 이날 추젓이 1kg에 2만 원, 오젓은 2만 5천 원, 육젓은 4만 원 선에서 판매됐다.

잡히는 시기에 따라 새우 크기도 다른데, 추젓은 길이가 1~2cm, 오젓은 2~3cm, 육젓은 3cm 이상 된다. 짠맛의 세기를 결정하는 염도 또한 시기별로 다르다. 가장 더울 때 잡히는 육젓은 부패 방지를 위해 소금이 많이 들어가야 해 짠맛이 강하다. 오젓이 중간 맛, 추젓이 가장 덜 짜다.

이곳 상인들은 강화 새우젓이 다른 어떤 지역의 새우젓보다도 품질이 우수하다고 자랑했다. 중국산 등을 속여 팔다가 적발돼 홍역을 치르기도 한 다른 지역과 달리, 오직 국산만을 고집하며 믿을 수 있는 새우젓이란 이미지를 지켜 가려고 노력하기 때문이란다.

정찬요(54) 강화새우젓축제 사무국장은 "우리나라 젓새우의 70~80%가 강화에서 잡히는데, 산지에서 잡아 배에서 바로 염장하는 강화 새우젓은 전국 어디보다 경쟁력이 있다. 국내에 유통되는 새우젓의 70~80%는 외국산으로 보면 되는데, 강화에서 사는 새우젓은 원산지를 걱정할 필요가 없다"고 말했다.

젓갈 상점 곳곳에는 새우젓이 가득 담긴 드럼통이 보였다. 매장 한 곳에 진열된 물건만 수천만 원어치가 된다고 한다. 새우젓 국물이 닿지 않아 노랗게 색이 변한 부분을 '윗밥'이라고 부른다. 이 윗밥을 걷어내고 판매하는데 먹어도 상관은 없다. 따로 가져가는 곳이 있다고 한다.

강화 새우젓이 명품 소리를 듣게 된 것은 강화의 자연환경과 큰 연관성이 있다. 강화도는 한강이 임진강, 예성강과 만나는 곳이다. 조석 간만의 차가 심하고 물살의 변동이 심해 갯벌도 발달해 있다. 민물과 짠물이 만나는 합류 지역이라 큰 새우 어장이 형성될 수 있었다. 지금은 사라지고 없지만 석모도에 염전이 있던 시절에는 품질 좋은 소금을 얻을 수 있어 뛰어난 새우젓이 생산됐다고 전한다.

젓새우는 조업 방법이 크게 두 가지다. '닻배'라고 부르는 배를 이용하는 연안자망 어업 방식과 '꽁지배'를 이용한 안강망 어업 방식이다. 자망 어업은 새우가 그물코에 꽂히게 해 잡는 방식이다. 안강망 어업은 조석 간만의 차가 큰 지점에 자루그물을 투하해 닻으로 고정 부설한다. 그러면 새우가 조류에 의해서 자루그물 속으로 들어가 잡

🔺 강화 새우젓은 인천의 명품 수산물 가운데 하나로 꼽힌다. 특히 가을에 수확한 젓새우로 만든 추젓은 김장에 빠질 수 없는 재료로 많은 이로부터 사랑을 받는다. 경인북부수협이 운영하는 수산물 처리 저장시설에 보관 중인 새우젓.

힌다.

강화도 어민들은 젓새우에 집중하고 있지만, 1900년대 초까지만 해도 강화도에서는 다른 어종도 많이 잡혔다. 과거에는 조기, 밴댕이, 민어, 병어 등을 잡는 데 주력했다. 지금은 홍어, 까나리, 농어, 숭어 등이 대표적이라고 한다. 『강화부지』(1783년)에는 민어, 숭어, 석수어, 새우, 가리맛조개, 굴 등이 당시 강화의 수산물로 기록돼 있다.

어민들이 생산한 새우젓은 창고로 옮겨 보관 숙성된다. 수산시장에서 300여 m 떨어진 곳에는 경인북부수협이 운영하는 새우젓 보관창고 겸 경매장이 있는데, 이곳이 새우젓 유통의 중심 역할을 한다. 강화도에서 생산되는 새우젓이 모두 이곳을 거친다고 한다. 인천시와 강화군 등이 50억 원의 예산을 지원해 2011년 완공한 수산물 처리·저장시설이다. 저온 냉장창고, 냉동창고, 급속 냉동창고 등을 갖추고 있다.

옛날에는 새우젓을 토굴에 보관했는데, 지금은 현대식 냉장·냉동창고 등 체계적인 방법으로 보관하고 있다. 지금은 판매를 위해 물건이 빠져나가 창고가 비어 있지만, 10월 초가 되면 창고들이 모두 새우젓으로 가득 찬다.

김용순(54) 경인북부수협 판매사업소장은 "옛날에는 토굴에 새우젓을 보관하다가 이곳에 보관시설을 설치하고 장소를 옮겼다. 최신식 시설에서 새우젓을 잘 숙성시켜 강화 새우젓의 상품 가치를 높이는 데 큰 역할을 하고 있다"고 말했다.

인천바다 과거와 미래

바다와 함께한 인천의 역사
해양 안보와 인천
남북을 잇는 뱃길의 시작 인천항

바다와 함께한 인천의 역사

격랑의 세월 넘어온 해양도시, 통일시대로 나아가다

 인천의 역사에는 '최초'가 많다. 유독 '바다'와 관련한 게 많다. 등대, 근대식 세관, 군함을 비롯해 지역경제 견인의 한 축이 된 컨테이너 부두까지. 여기엔 외세의 모진 수탈, 이질적 문물 유입으로 인한 혼란, 갯벌 매립에 따른 환경 파괴 등 아픔도 따랐다. 최근에는 남북관계 훈풍으로 서해평화수역을 낀 도시로도 주목받고 있는 곳이 바로 인천이다.

 인천 연수구 옥련동 '능허대공원'에서 옥련사거리 방면으로 조금만 걸으면 인천시 기념물 제8호 '능허대 터'가 나온다. 378년 삼국시대 고구려에 육로가 막힌 백제 근초고왕이 중국과 교역을 할 때 사신들이 출발한 나루터다. 근초고왕은 인천~덕적도~중국 산둥반도에 이르는 '등주항로'라는 해상루트를 이용했다. 건널 능凌, 빌 허虛자를 쓴 능허대의 어원은 '만경창파를 하늘로 날아오르듯 항해한다'는 의미다. 이렇게 시작한 교역 활동은 고려시대까지 이어져 거란, 여진, 일본, 아라비아 상인들도 인천을 왕래하기 시작했다. 유럽 각국에 한

△ 백제 378년(근초고왕 27) 중국과의 교역 때 나루터가 있던 연수구 옥련동 터. 인천광역시 기념물 제8호.
/한국민족문화대백과사전

△ 조선 16대 인조대왕 14년 임경업 장군에 의해 연평도에서 조기를 처음 발견한 이후 해방 전후부터 1968년까지 연평도는 황금의 조기파시 어장을 이뤘다. /옹진군 제공

국 국명이 꼬레아Corea로 알려지게 된 게 바로 이 시기다.

고려시대 개경의 관문 역할을 하며 발전한 인천은 조선이 개국하자 침체 상태로 빠져들었다. 조선왕조의 '쇄국정책'으로 서해 해상교통은 전면 금지됐고 귀화하지 않은 외국인들은 모두 추방되기까지 했다. 국제 무역항의 기능을 상실한 인천은 수백 여년 동안 한적한 어촌 도시로 여겨졌다. 『세종실록지리지』(1454년)를 보면 인천 바다에서는 민어, 참치, 조기, 가물치, 오징어 등 다양한 어종이 올라왔다. 지금과 다른 것은 조기와 민어를 쉽게 볼 수 없게 된 것. 연평도는 조선 초기부터 1960년대까지 '조기'가 많이 잡혔다. 사업에서 빚을 진 선주들이 연평도에서 조기를 잡아 빚을 갚는다고 해〈연평바다로 돈 실러 가세〉라는 뱃노래가 있었다고 한다. 1920~30년대 굴업도와 덕적도는 민어가 많이 잡혀 '민어파시'로 명성이 높았다. 지금 이 물고기들은 수온 변화와 남획, 갯벌매립 등의 영향으로 인천 바다에서는 보기 힘들게 됐다.

한적한 어촌 도시는 1883년 개항으로 크게 변모한다.

〈이방인〉

(상략) 나는 이 항구에 한 벗도 한 친척도 불룩한 지갑도 호적도/ 없는/ 거북이와 같이 징글한 한 이방인이다.

〈밤 항구〉

부끄럼 많은 보석장사 아가씨/ 어둠 속에 숨어서야/ 루비 싸파이어 에메랄드……/ 그의 보석 바구니를 살그머니 뒤집니다.

— 김기림 「길에서 - 제물포 풍경」 부분

시인 김기림이 쓴 「길에서 - 제물포 풍경」(1939년)에서는 외지인들이 몰려와 어촌 지역의 정겨움은 사라지고 유혹, 사치, 풍요로움, 가난, 애환이 얽힌 도시와 근대적 문물의 상징인 철도와 인천역 대합실의 모습까지 엿볼 수 있다.

현재 우리에게 친숙한 중구 자유공원, 인천중동우체국(옛 인천우체국), 답동성당, 차이나타운 등이 모두 개항기에 조성됐다. 일본의 강압으로 개항을 맞은 인천은 신문물의 '실험지'였다. 해관(세관), 감리서(개항장 관리 관청), 중·일 영사관과 조계지(외국인 치외법권 구역)가 들어서면서 이질적 사람과 문물이 급속하게 유입됐다. 지금 인천시민의 친수 공간이자 대표 관광지인 '월미도' 역시 그중 하나였다. 일본은

🔺 1883년 강화도 조약에 따라 문호를 연 개항 초기 제물포항 모습. /화도진도서관 제공
🔺 월미도 해수욕장을 가득 메운 사람들과 뒤편 조탕 건물. /인천시 제공

1918년 월미도를 풍치지구로 지정하고 1920년 해수욕장을 개장한 데 이어 수족관, 체육시설, 조탕(목욕탕) 등을 만들어 최대 규모의 유원지를 조성했다. 그러나 이는 일본인과 일부 조선 상류층의 것이었을 뿐 토착민에게는 상대적 박탈감만 줬다.

'수탈 극대화'가 최대 관심사였던 일본과 상인들의 움직임은 자연스레 인천 항만시설 근대화로 이어졌다. 인천항은 조수 간만의 차가 최고 10m에 달하는 자연적 취약점을 갖고 있어 갑문 시설이 필수적이었다. 이에 1911년 갑문식 선거 설비 공사를 시작해 1918년 준공했다. 인천항만공사가 편찬한 『인천항사』를 보면 당시 이중 갑문식 선거로 선박이 해수의 높이와 상관없이 출입하게 되면서 2천 t 급 기선 5척이 동시에 계류할 수 있었는데, 이는 동양에서도 흔히 볼 수 없는 시설이었다고 한다. 이후 4천 ㎡의 창고 건축과 같은 축항시설 확장과 각종 시설 도입 등으로 1939년 인천항 총 무역액은 1910년 대비 40배 증가했다.

해방 직후인 1946년엔 한국 수입의 96%가 인천항에서 이뤄졌을 정도로 교역이 활발했다. 그러나 1950년 한국전쟁으로 항만시설 대부분이 파괴되면서 최대 교역항 역할을 부산항에 뺏기는 수모를 겪었다. 1955년이 돼서야 복구된 인천항은 산업화 시대에 접어들면서 교역시장 확대, 운송 수단 다변화 등으로 서해 물류 거점이 됐다. 1974년에는 한진, 대한통운의 민간 자본을 유치해 우리나라 최초 컨테이너 전용부두를 인천항에 개장했다.

육로 교통이 발달하지 않았던 시기 인천 바다는 교통의 중심지이기도 했다. 1956년 발간한 『경기도지』는 인천항을 기점으로 하는 항로가 당진선, 목포선을 비롯해 총 12개 노선이 있었다고 기록하고 있다. 당시 여객선은 육지와 섬을 연결하는 건 물론, 지역과 지역을 연결하는 교통수단이었다. 지금은 비록 섬 지역을 잇는 14개 항로만 있지만, 2017년 인천 연안여객선을 이용한 사람은 147만 1천여 명으로 꾸준히 증가하고 있다. 인천 바다와 섬이 '관광지'로 모습을 바꿔가면서다. 1990년에는 인천~웨이하이를 잇는 카페리 운항을 시작으로 한중 최초의 카페리 시대가 열렸다.

인천의 간척사업 역시 빼놓을 수 없는 이야기다. 고려시대 강화도 제포·와포에서 전시 군량미 확보를 위해 시작한 간척은 1980~2000년대 인천경제자유구역(송도·청라·영종) 등 신도시 조성을 위한 간척사업까지 이어지며 인천의 해안선을 크게 바꿔 놓았다. 인천시 역사자료관이 편찬한 『인천의 갯벌과 간척』을 보면 인천의 간척지는 주로 주택·항만·발전·공업용지로 쓰였다. 서구, 연수구, 중구는 도시용지 중 50% 이상이 간척으로 새롭게 건설된 땅이라고 한다. 들쭉날쭉한

🔺 송도 11공구 매립 현장에서 그물을 펴고 있는 어민과 갯벌에서 먹이를 먹고 있는 저어새.

해안선은 직선이 되고 인천의 토지 면적은 넓어졌지만 김포갯벌, 송도갯벌, 남동갯벌이 대부분 사라지면서 멸종 위기 물새 서식지 훼손, 습지 생물 감소, 갯벌 파괴 등의 환경문제가 생겼다.

인천 바다를 둘러싼 이야기는 무궁무진하다. 철책과 항만시설에 가로막혀 친수 공간을 누리지 못한 인천시민을 위한 철책 제거, 내항 8부두 개방, 경인아라뱃길·도서 지역 마리나 해양레저산업 활성화 등의 사업이 꾸준히 진행되고 있다.

인천은 남북 관계 훈풍에 발맞춰 서해평화협력지대의 중추 도시로의 도약을 준비하고 있다. 이종석 전 통일부 장관은 "인천은 환황해권 경제벨트의 핵심 도시가 되며, 통일 후 가장 성장하는 도시가 될 것"이라고 전망했다. 서해권 물류 교통의 중심에서 철책을 넘어 평화의 상징이 되는 인천 바다의 이야기는 지금부터 시작이다.

해양 안보와 인천

삼국시대부터 나라 명운 지켜온 '서해의 대마'

인천 바다에서는 전쟁이 끊이지 않았다.

남과 북이 맞닿아 있는 바다의 경계선인 서해 북방한계선(NLL)에서는 남북의 무력 충돌이 빚어졌고, 시간을 더 거슬러 올라가면 제국주의 세력의 전쟁터가 되기도 했다. 전쟁이 끊이지 않았다는 것은 그만큼 인천 바다가 해양안보와 국가안보의 중요한 위치에 있다는 얘기다. 전쟁의 반대말은 평화라고 말할 수 있다. 바꿔 말하면 인천 바다는 우리나라의 '평화'를 유지하는 데 중요한 장소였다는 것이다. 인천 바다를 이야기할 때 전쟁이라는 단어뿐 아니라 평화를 함께 언급하게 되는 것도 이러한 이유다.

매년 3월 네 번째 금요일은 '서해수호의 날'이다. 정부는 서해에서 끊이지 않았던 무력 충돌의 아픈 역사를 잊지 않고자 '서해수호의 날'을 정해 기념하고 있다.

전쟁의 아픔이 서린 인천 바다

인천 바다는 전쟁의 역사를 품고 있다. 삼국시대로 거슬러 올라가면 나당연합군의 당나라 장수 소정방蘇定方이 대군을 이끌고 인천 바다를 통해 백제를 침공했다. 덕적군도의 하나인 소야도蘇爺島의 이름은 소정방이 대군을 이끌고 정박했다는 이야기에서 비롯된 것으로 전해진다. 소야도 북악산 기슭에는 소정방이 진을 쳤다는 '담안'이라는 유적이 남아 있다.

1866년에는 프랑스 함대가 바다를 통해 조선을 침략해 강화도를 점령·약탈한 병인양요가 있었다. 서세동점西勢東漸 시기 조선이 서구 열강과 한반도에서 대결한 첫 전쟁이다. 1871년에는 조선과 미군이 강화도 앞바다에서 역사상 첫 교전을 벌인 강화도 손돌목 전투로 시작된 신미양요가 있었다.

1894년 청일전쟁과 1904년 러일전쟁 또한 인천이 핵심 지역이었다. 특히 러일전쟁 당시에는 러시아 함대와 일본 함대가 인천 앞바다에서 전투를 벌였다.

1950년 9월 15일 한국전쟁의 전세를 뒤바꾼 인천상륙작전은 팔미도 등대와 주변 섬을 장악하며 시작됐다.

1999년 6월 15일에는 정전협정 이후 발생한 남북의 첫 해상 교전인 제1연평해전, 3년이 지난 2002년 6월 29일에는 6명의 해군이 전사한 제2연평해전이 벌어졌다. 2010년에는 46명의 해군 장병을 바다에 잠들게 된 천안함 피격 사건, 북한이 연평도에 포격을 가한 도발이 있었다.

인천의 해군

주권을 가진 나라가 반드시 갖춰야 할 것 가운데 하나가 바다에서의 전쟁을 막아 평화를 유지하는 데 필요한 해군력이다. 특히 인천은 우리나라 해군의 역사를 이야기할 때 빼놓을 수 없는 중요한 도시다. 우리나라 해군은 1945년 11월 11일 손원일 제독이 창설한 해방병단海防兵團으로 시작해 현재에 이르고 있는데, 해군은 첫 기지를 인천에 만들었다. 해방병단이 창설된 이듬해 4월 15일 가장 먼저 인천기지를 설치한 것이다. 현재 인천을 지키고 있는 해군 부대는 해군 제2함대사령부 예하에 있는 인천해역방어사령부(이하 인방사)다. 인방사가 속한 해군 제2함대사령부는 앞서 말한 인천기지가 모체다.

인천기지는 해군이 성장하며 함께 이름과 규모를 바꾼다. 인천기지는 1949년 6월 1일 인천경비부로 승격해 인천특정해역사령부를 거

▲ 해군본부가 2004년 인천 중구 월미공원에 건립한 해군 제2함대 사령부 주둔 기념비.

쳐 1973년 7월 1일 제5해역사령부, 1986년 제2함대사령부로 재창설 된다. 1999년 11월 13일 인천을 벗어나 경기도 평택으로 기지를 옮겼다. 인방사는 항만방어대, 항만방어전대, 201방어전대 등으로 부대 이름을 바꿔오다 2함대가 평택으로 자리를 옮긴 1999년 7월 1일 인천에 남은 부대가 지금의 인방사가 됐다.

1946년 4월 15일 설치된 인천기지는 미군 선발대에 의해 꾸려졌다. 초대 군사영어학교 교장이었던 리스Rease 미 육군 소령이 월미도의 용궁각을 기지 청사로 정하고 임시로 기지사령관을 맡았다.

이후 진해에서 선발된 60명의 해방병단 대원이 인천으로 파견돼, 미군으로부터 수리·운전·통신기술 등을 배운 후 4월 23일 인천기지를 정식으로 인수했다. 초대 인천기지사령관은 백진환 정위(현재의 대위)가 맡았다. 인천기지는 해군의 첫 기지라는 타이틀뿐 아니라 남한 단독정부 수립 후 최초의 해군 관함식이 열린 장소이기도 하다. 정부 수립 1주년을 기념하고 발전한 해군의 모습을 국민들에게 알리기 위한 행사였다. 1949년 8월 21일 인천 앞바다에서는 일본으로부터 인수한 9척의 함정이 편대 기동훈련을 선보였는데, 손원일 총참모장의 안내로 이승만 대통령이 기함에 탑승해 이를 지켜봤다. 정부 각료와 국회의원, 시민들도 편대 기동훈련을 참관했다.

인천기지는 우리나라 군 처음으로 한국전쟁 이전 진행된 대북 작전인 '몽금포 작전'과도 깊은 관련이 있다. 몽금포 작전은 한국전쟁의 전운이 감돌던 1949년 8월 17일 해군이 북한군 기지로 특공대를 보내 다수의 병력을 사살하고 함정을 파괴한 작전이다. 이승만 대통령의 승인 아래 진행된 이 작전에서 특공대원 20명이 함정 6척을 타고

▲ 몽금포작전 기념비.

북한 몽금포항에 침투해 북한 경비정 4척을 격침하고 1척을 나포했다. 또 북한군 120여 명을 사살하는 전과를 올렸다.

앞서 언급한 관함식을 며칠 앞두고 인천에 있던 주한미군군사고문단장 로버츠 장군의 전용선을 북에 도둑맞은 것을 응징하기 위한 작전이었다. 해군 창설 초기 좌익 승조원들에 의해 함정 4척이 납북되고 9척이 납북미수되는 사건이 있었는데, 당시 북에 대한 응징이 필요하다는 여론이 들끓었다. 인천 월미공원에는 몽금포 작전 전승비가 세워져 있다.

서북 도서 수호자 '3척의 인천함'

우리나라 해군 함정 중에는 인천의 이름을 딴 전투함이 여럿 있었다. 역대 3척의 '인천함'이 인천이라는 이름표를 달고 우리 바다를 누볐다.

1대 인천함(AKL-902)은 1944년 건조된 미국 해군의 경수송함을 한국 해군이 1951년 9월 10일 인수한 것으로, 1978년 4월 1일까지 운용됐다.

2대 인천함(DD-918)은 전투함이다. 이 함정 역시 미국 해군으로부터 도입한 것으로, 승조원 280여 명이 탑승하고 33.2kts까지 속도를 낼 수 있었다고 전해진다. 1944년 3월 건조된 함정이며, 1974년 1월 25일 취역해 1994년 12월 30일 퇴역했다.

3대 인천함은 현재 활동 중인 해군의 첫 차기 호위함인 인천함(FFG-818)이다. 해군은 서북 도서의 행정을 관할하는 인천광역시에서 이름을 따 '인천함'으로 명명하며 서해 NLL과 서북 도서 방어 의지를 피력했다. 대함유도

▲ 1대 인천함(AKL-902)과 2대 인천함(DD-918), 3대 인천함(FFG-818) /해군본부 제공

탄 방어 무기와 함대함 유도탄, 어뢰 발사대 등 국내에서 개발한 향상된 무기 체계를 탑재하고 있다. 현대중공업이 건조해 2011년 4월 29일 진수식을 갖고 2013년 1월부터 6월까지 전력화 기간을 거쳐 7월 배치됐다. 3대 인천함은 2013년 8월 인천시와 자매결연을 했다.

"우리 같은 비극, 언제나 겪을 수 있다는 것 기억하길"

모른 척 돌아서 가면/ 가시밭길 걷지 않아도 되었으련만/ 당신은 어찌하여 푸른 목숨 잘라내는/ 그 길을 택하셨습니까 (중략) 당신의 넋은 언제나/ 망망대해에서 뱃길을 열어주는/ 등대로 우뚝 서 계십니다
— 유연숙 「넋은 별이 되고」 부분

2018년 3월 23일 오전 '서해수호의 날' 기념식이 열린 인천 월미공원 해군2함대사령부 기념비 앞. 인천지역 학생을 대표해 국립인천해사고등학교에 다니는 유태영 군이 헌시 「넋은 별이 되고」를 낭송하자 500여 참석자의 눈시울이 붉어졌다. 인천시장은 인천 바다에서 목숨을 잃은 55명 해군 장병의 이름을 하나하나 부르며 그들의 숭고한 희생을 절대 잊지 않겠다고 약속했다.

▲ 2018년 3월 23일 오전 인천시 중구 월미공원 해군2함대사령부 기념비에서 열린 서해수호의 날 기념식에서 인천지역 학생 대표들이 헌화·분향을 하고 있다.

연평해전, 천안함 피격, 연평도 포격이 일어난 곳은 모두 인천이었다. '서해수호의 날'이 제정된 이후, 인천이 정부 행사와 별도로 3년째 자체 기념식을 치르고 있는 이유다. 2017년 인천시는 '호국·보훈의 도시'를 선언하기도 했다.

인천에서 전쟁을 치러낸 이들에게 인천의 바다는 어떻게 기억되고 있을까?

1950년 2월 해군사관학교 3기생으로 졸업·임관해 한국전쟁을 겪은 최영섭(90·예비역 해군대령) 해양소년단 고문에게 인천의 바다는 전쟁터였다. 최 고문은 인천상륙작전과 대청도·소청도 탈환 작전 그리고 제2차 인천상륙작전에 참여한 산증인이다. 그는 대한민국 해군 최초의 전투함인 백두산함(PC-701) 갑판사관 겸 항해사, 포술사로 해군 장교의 첫 함정 경험을 시작해 백두산함 함장, 충무함(DD-91) 함장, 51전대 사령관 등을 역임했다. 1968년 해군대령으로 전역했다.

특히 그가 겪은 제2차 인천상륙작전은 많은 이가 알고 있는 인천상륙작전과 달리 거의 알려지지 않았다. 한국전쟁이 발발하고 인천상륙작전으로 전세를 뒤집었지만, 중공군의 개입으로 서울과 인천은 다시 북한군과 중공군에 넘어갔다. 2차 인천상륙작전은 바로 이러한 상황이던 1951년 2월 10일 한국 해군·해병대가 소규모의 병력으로 벌인 작전이다.

▲ 제2차 인천상륙작전 전승비.

🔺 제2차 인천상륙작전 과정에서 노획한 적군의 전차. 맨 오른쪽이 최영섭 해양소년단 고문(당시 소위) /최영섭 고문 제공

"백두산함 등 6척의 함정과 각 함정에서 차출한 승조원 73명, 그리고 덕적도 주둔 해병대 1개 중대가 인천 동구 만석동(조선기계제작소 해안)에서 상륙작전을 감행했죠. 1·4후퇴 후 한 달여 만에 인천을 재탈환한 것인데, 인천시청에 걸려있던 스탈린과 김일성의 초상화가 아직도 생생합니다."

이 작전으로 적군 82명을 사살하고 1명을 생포했다. 전차 1대와 야포 8문을 노획하는 전과도 올렸다. 작전 성공 이후 인천항을 통한 대규모 군수 지원이 가능하게 됐으며, 국군과 유엔군이 수도 서울을 재수복하고 영토를 다시 찾는 데 큰 기반이 됐다.

한일 월드컵 경기가 열리던 2002년 6월 29일 제2연평해전에 참전한 권기형(39) 예비역 하사에게도 인천 바다는 잊을 수 없는 곳이다. 당시 '참수리 357호'에서 M60 사수 임무를 맡았던 그는 "부사수인

후배 부사관 서후원 하사(당시 계급)가 가슴에 총탄을 맞고 갑판에 무릎을 꿇던 순간을 아직도 잊지 못한다"고 했다. 그는 당시 고속정 좌현에서 북한 경비정과 마주하고 있었다. 워낙 가까운 거리여서 북한 경비정 승조원들의 표정까지 관찰할 수 있었다. 어느 순간 굉음과 함께 팔과 어깨에 총탄을 맞고 갑판으로 튕겨 나갔다. 부사수로 그 대신 자리를 지킨 건 서후원 하사였다. 그는 서 하사가 힘없이 주저앉는 모습을 지켜보며 죽음을 직감했다.

그는 그때의 부상으로 8개월간 병상에 있다 전역했고, 현재는 해군 무기를 만드는 방산업체에서 일하고 있다. 전우의 죽음을 눈앞에서 목격한 그에겐 전쟁과 평화에 대한 의미가 남다르다.

그는 "제2연평해전은 분명히 '승리한 전쟁'이다. 하지만 전쟁에서 이긴 사람도 진 사람도 없다는 생각이 든다. 전쟁은 불행이다. 승자도 패자도 모두 불행할 수밖에 없다"고 했다. 이어 "무엇보다 전쟁이 벌어지지 않도록, 전쟁을 억제하고 평화를 유지할 수 있는 강한 군사력을 갖추는 것이 중요하다"고 덧붙였다.

그의 바람은 단 한 가지. 그는 "1년 내내 기억해달라는 말은 하지 않겠다. 딱 하루만 나라를 위해 몸을 바친 군인이 있었다는 걸 기억해달라"고 했다.

곽진성(37) 예비역 해군 병장도 제2연평해전이 벌어진 그날 K-2 소총수로 같은 장소에 있었다. 참수리 357호 함교가 그의 자리였다. 전투가 끝나고 며칠간은 거의 아무것도 기억나지 않았다. 오직 분노의 감정만 가슴에 남아있었다. 동료들과 이야기를 나누고 안정을 조금씩 찾아가자 차츰 기억이 되살아났다.

"정장과 부정장이 쓰러져 있고, 갑판 위로 핏물이 흐르고, 손에서는 피가 흐르고…."

시간이 꽤 오래 지났음에도 그는 그날을 이야기할 때마다 매번 힘들고 분하다고 했다. 최근 남북 관계가 급변하고 있는 모습을 보고 있으면 그의 마음도 복잡해진다. 통일을 위해 모두가 노력하고 평화를 추구해야 한다는 걸 알면서도, 복잡하고 허탈한 기분이 드는 것은 그에게도 어쩔 수 없는 일이다.

그는 꼭, 하고 싶은 이야기가 있다고 했다.

"그날을 겪은 우리를 잊지 않고 기억해 주시는 것도 중요하지만, 더 중요한 것이 있습니다. 언제든지 또 겪을 수 있는 일이라는 것입니다. 그 누구도 이런 비극으로 다시 고통받는 일이 있어선 안 됩니다."

바다를 지킨 인천 인물

인천에는 해양 안보와 관련이 깊은 인물이 많다.

우리나라 최초의 근대식 군함 '양무호'의 함장으로 알려진 신순성(1878~1944) 함장이다. 그는 동경고등상선학교에서 4년간 근대식 항해교육을 받고 갑종 항해사 자격을 땄다. 구한말 대한제국 고종 황제는 일본으로부터 군함을 도입해 나라의 무력을 키운다는 뜻의 양무호로 명명하고 신순성을 함장으로 임명

▲ 신순성

했다. 신순성 함장은 일본에서 이 배를 이끌고 1903년 인천항에 닻을 내렸다. 그는 두 번째 군함인 '광제호' 인수 작업도 맡았다.

안병구(69) 제독은 한국 해군 제1번 잠수함 '장보고함'의 초대 함장을 지낸 인물이다. 1949년 충남 당진에서 태어난 그는 인천중(16회), 제물포고(13회), 해군사관학교(28기)를 나왔다. 1988년 해군 잠수함사업단 요원으로 근무하던 중 1990년 장보고함 초대 함장으로 선발됐다. 승조원들과 함께 독일에서 2년 동안 잠수함과 관련한 교육 훈련을 받고 1992년 현지에서 장보고함을 인수했다. 2005년 전역할 때까지 잠수함 부대의 전대장, 전단장 등 잠수함 부대 지휘관을 역임했다.

▲ 안병구

윤영하(1973~2002) 소령은 NLL을 침범한 북측 경비정과 벌인 제2연평해전에서 목숨을 잃었다. 윤 소령(당시 대위)은 참수리 357호 정장으로 참전했으며, 그가 졸업한 인천 송도고등학교에는 흉상이 있다. 정부는 그의 희생에 충무무공훈장을 추서했다.

▲ 윤영하

남북을 잇는 뱃길의 시작 인천항

쌍둥이 같은 남북 항구⋯ 통일 시대의 '관문' 연다

남북이 그동안 얼어붙은 관계를 청산하고 평화의 기지개를 켜는 화해 분위기를 만들어가는 가운데 인천항의 가치가 새롭게 주목받고 있다. 남북 교류의 중심으로서 인천항의 역할을 재정립하고 평화의 시대를 대비하기 위해 인천항이 준비해야 할 것들을 찾는 세미나 또는 포럼이 앞다퉈 열리고 있다. 남북 경제협력의 핵심 거점 항만 구실을 할 인천항의 가치와 중요성이 떠오르고 있는 것이다.

인천항의 닮은꼴 남포항

인천항이 남한의 수도 서울의 관문이라면, 남포항은 북한의 수도 평양의 관문이다. 인천항과 남포항은 수도권의 관문 역할을 하고 있다는 점에서 무척 닮았다.

남북이 본격적으로 경협에 나선다면 수도를 배후에 둔 인천항과 남포항의 역할도 자연스레 중요해질 수밖에 없는 것이다. 인천항이

🔺 인천항 내항처럼 갑문을 이용해 선박이 오가는 남포시 서해갑문의 전경. 제방길이가 8km에 이른다.

남북 해상 교류의 가장 중요한 거점이라는 이야기가 나오는 이유다.

인천항은 서울 경계와의 거리가 20여 km에 지나지 않을 정도로 가깝다. 고속도로와 철도 등 교통 인프라도 잘 갖춰져 있다. 남포시 또한 평양의 위성도시로, 도로·철도 등의 인프라가 잘 갖춰져 있다.

남포항은 평양시에서 남서쪽으로 약 45km 떨어진 대동강 하류의 서해안에 위치한다. 평양화력발전소·남포화력발전소와 인접해 있어 전력 공급도 원활하다. 그래서 북한 제1의 항구로 불리는 남포항은 남북 경협의 가장 중요한 항만으로 꼽힌다. 두 항만은 서해의 조수 간만의 차이를 극복하기 위해 갑문을 운영한다는 공통점도 있다.

서로 닮은 두 항만은 분단 이전에 교류가 활발했다. 일본인 저널리스트 가세 와사부로加瀨和三郎가 편찬한 『인천개항 25년사』(1908년)

에 인천항과 남포항의 관계를 설명하는 대목이 나온다.

> 국내 무역 중 당시 인천과 관계가 가장 깊은 곳은 진남포라는 것을 알 수 있다. (중략) 진남포에서 수입하는 것은 대개 인천항이 중개하였던 것으로 보아 당시 인천항이 진남포의 중개소 위치에 있었던 것을 알 수 있다. 즉 진남포에서 일본으로 수출하는 곡류와 일본 혹은 청국에서 수입하는 각종 화물은 모두 인천항을 거쳤다.

지금 방식으로 말하면 인천항은 남포항에서 중국 또는 일본으로 건너가거나 중국·일본에서 수입하는 화물이 모이는 환적항 또는 허브항 역할을 한 것이다.

인천항, 북으로 가는 바다 관문

남북이 교류해야 할 때마다 인천항은 북으로 통하는 중요한 관문 역할을 했다. 대표적인 사례가 1984년 남한에 큰 수해가 발생해 북한이 인도적 차원에서 남한을 지원했을 때 북이 보낸 구호물자 일부가 인천항을 통해 들어온 것이다. 1984년 8월 31일부터 나흘 동안 수도권에 집중호우가 내려 서울·경기 등에서 9만 3천800여 명의 이재민이 발생했다. 최악의 홍수가 발생하자 북한은 방송을 통해 수재민 지원을 제의했다. 쌀, 옷감, 시멘트, 의약품 등을 구호물자로 보내겠다고 북은 제안했다. 남측은 북의 제안을 수락했고, 그해 9월 29일부터 10월 4일까지 판문점·인천항·북평항을 통해 북에서 보낸 구

▲ 인천항 갑문을 중심으로 본 인천항 내항 전경. /인천항만공사 제공

호물자가 도착했다. 그때 인천항으로는 시멘트를 실은 북한 배가 들어왔다. 북한이 남한에 인도적 차원에서 구호물자를 지원한 것은 그때가 처음이자 마지막이었다. 이후 우리 정부나 민간단체가 인도적 차원에서 구호물자를 북으로 보내야 할 때 인천항에서 배가 떴다.

2010년 이른바 5·24 조치 이전까지 인천항~남포항 바닷길은 사실상 남북을 오가는 유일한 정기항로였다. 한반도 분단 이후 인천항과 남포항을 오가는 항로가 개설된 것은 1998년 8월 24일이다. ㈜한성선박은 홍콩에서 3천 t 급 세미 컨테이너선 '소나호'를 빌려 월 3회 정기운항했다. 인천항~남포항 항로 정기화물선 운항은 남북 당국의 해운사 선정에 대한 입장 차로 2001년 1월 4일 중단되기 전까지 이어졌다. 당시 북측은 후발 주자인 남측의 람세스물류㈜를 제외한 다른 해운회사 소속 선박의 남포항 입항을 거부했고, 남측은 람세스물류가 운항 질서를 어지럽히고 물류비를 상대적으로 높게 책정한다는 이유로 운항 허가를 내주지 않았다. 실질적으로 운항하지는 않았지만, 이 무렵 인천항~남포항 항로 내항 화물 운송사업을 신청한 업체가 7~8곳이 될 정도로 경쟁이 심했다.

인천항~남포항 정기화물선 운항이 재개된 것은 2001년 4월 22일이다. 국양해운이 용선한 러시아 선적 '미누신스크호'(2천360t 급)가 남포항을 향해 인천항에서 출발하면서다. 이후 통일부가 남북 해상항로를 운항하는 선사는 사업 승인에 앞서 운항 합의서 등 북한과 합의한 증빙 서류를 제출할 것을 의무화함에 따라 과당경쟁은 사라졌다. 통일부에서 제시한 조건을 맞춘 국양해운은 2002년 2월 '트레이드포춘호'(4천500t 급)를 투입해 주 1회 정기운항을 시작한다.

트레이드포춘호와 인천항

국양해운이 2002년 인천항~남포항 항로에 투입한 트레이드포춘호는 매주 한 차례 남과 북을 오가며 남북 경제협력의 중추적인 역할을 했다. 2002년부터 2011년까지 남북을 오가며 컨테이너 6만 3천552TEU와 벌크화물 15만 2천96t을 운송했다.

당시 인천항에서 남포로 가는 배에는 섬유류, 화학, 전자·전기제품 등이 실렸고, 북에서는 농수산물, 광물자원, 바닷모래 등을 주로 싣고 돌아왔다. 쌀과 밀가루, 분유, 의류 등 민간단체들의 대북 지원 물품도 대부분 트레이드포춘호를 통해 북에 전달됐다.

▲ 인천항~남포항 항로에 투입된 트레이드포춘호. /인천항만공사 제공

　국양해운은 인천항~남포항 항로 서비스 개시 이후 적자를 기록해 오다 2006년 첫 흑자를 냈다. 2007년에는 이 항로에 추가 선박을 투입하기도 했다. 우리 정부가 2010년 천안함 사건에 대응해 남북 교역을 중단하는 5·24 조치를 발표한 이후, 트레이드포춘호는 물동량이 급격히 줄었고 결국 2011년 10월 운항을 멈췄다. 2012년 폐선됐다.
　인천항만업계 관계자들은 최근 화해 분위기 속에 남북 경협이 재개된다면 인천항이 다시 중요한 역할을 할 것으로 보고 있다. 그러면서 그때를 미리 준비해야 한다고 조언한다.
　국양해운에서 트레이드포춘호 운항 업무를 담당했던 최준호 장금상선 부장은 "남포항 등 북한의 항만은 해외로 연결된 항로가 없어 인천항이 북한 황해권 항만의 해외 물동량을 처리하는 환적항 역할을 할 가능성이 높다"며 "인천항이 기회를 잡을 수 있도록 준비해야 한다"고 말했다.

인천항이야기

초판 1쇄 발행 / 2019년 8월 30일

지은이 / 경인일보 특별취재팀
펴낸이 / 윤미경
펴낸곳 / 도서출판 다인아트
        출판등록 1996년 3월 8일 제87호
        인천광역시 중구 개항로14 2F
        tel. 032+431+0268 / fax. 032+431+0269
        e-mail. dainartbook@naver.com
마케팅 / 이승희
디자인 / 장윤미
인쇄·제본 / 신우인쇄

ISBN 978-89-6750-075-7 (03090)

이 도서의 국립중앙도서관 출판예정도서목록(CIP)은 서지정보유통지원시스템 홈페이지
(http://seoji.nl.go.kr)와 국가자료종합목록시스템(http://www.nl.go.kr/kolisnet)에서
이용하실 수 있습니다. (CIP제어번호 : CIP2019032729)

※ 잘못된 책은 바꾸어 드립니다.
※ 이 책의 일부 또는 전부를 재사용하려면 반드시 저작권자와 출판사 양측의 동의를 받아야 합니다.

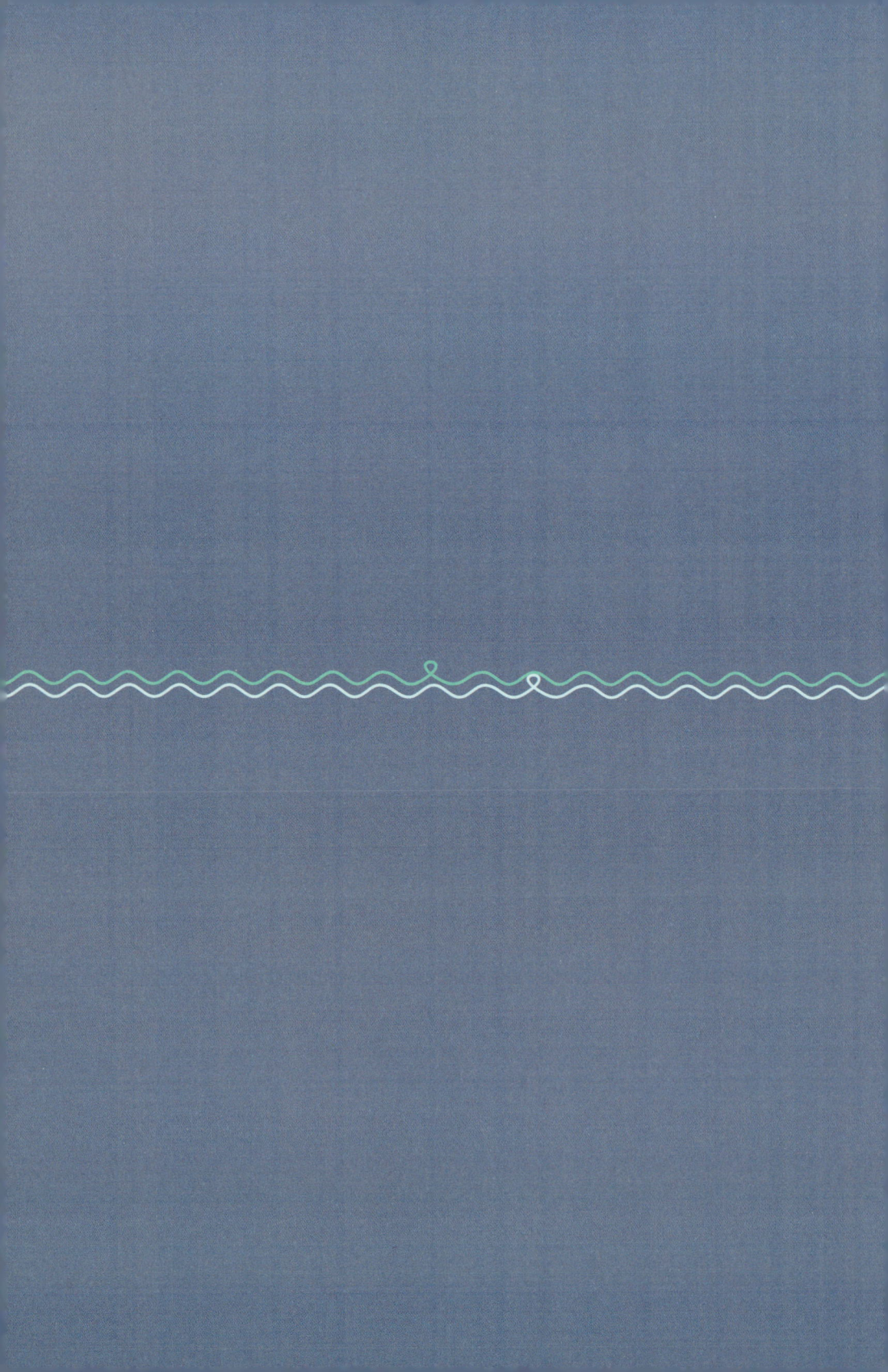